Britische Inseln

ENGLAND • KANALINSELN • WALES
ISLE OF MAN • SCHOTTLAND • IRLAND

W0291537

JPMGUIDES

INHALT

BRITISCHE INSELN

Eine fast mystische Anziehungskraft üben die Britischen Inseln auf ihre Besucher aus. Hier gehen ursprüngliche Natur, traditionsreiche Baudenkmäler und moderne Kultur eine perfekte Liaison ein. Die Reise führt von England mit London ins romantisch-raue Cornwall, auf die Kanalinseln im Süden, nach Wales und auf die Isle of Man, nach Schottland mit Edinburgh und Glasgow, mit den sagenumwobenen Highlands und felsigen Hebriden und nicht zuletzt ins grüne Irland mit Dublin, Belfast und dem Ring of Kerry.

Die Faszination liegt in den Gegensätzen: Die Britischen Inseln sind lieblich und sonnig, zugleich düster, neblig und spröde. Hier peitscht der Wind, da wird er zu einer sanften Meeresbrise. Hier pulsieren die Metropolen, dort windet sich eine einsame Gasse durch ein uriges Fischerdorf.

Ob im roten Doppeldeckerbus oder als Wanderer hoch oben auf den Klippen, in der Hand eine Tasse Tee, ein dunkles Guinness oder einen torfigen Whisk(e)y, ob in Tweedjacke, schottischem Kilt oder einem Pullover aus Schurwolle von irischen Schafen – die Britischen Inseln lassen sich äußerst vielseitig erleben.

Ein paar Fakten

Die Britischen Inseln sind ein Archipel mit über 6000 Inseln und einer Gesamtfläche von rund 315 500 km^2. Großbritannien (mit England, Schottland und Wales) und Irland (mit der Republik Irland und Nordirland) stellen die beiden Hauptinseln. Sie werden von der Nordsee, dem Ärmelkanal und dem Atlantik umgeben. Die Irische See trennt die Inseln Irland und Großbritannien.

Ein Wort zum Wetter

Über nichts wird auf den Britischen Inseln so viel gesprochen wie über das Wetter – zu Recht, denn auch wenn das Wetter keinesfalls schlechter ist als bei uns, wechselt es doch viel häufiger.

Etwa seit Anfang der 1980er-Jahre macht sich die globale Klimaerwärmung zunehmend auch auf den Britischen Inseln bemerkbar: Die Winter sind milder und niederschlagsreicher, die Sommer trockener und wärmer. Irland und der Westen der britischen Hauptinsel besitzen durch die unmittelbare Nachbarschaft zum Atlantik und den Einfluss des Golfstroms ein milderes und feuchteres Seeklima. Die östlichen Regionen sind stärker vom europäischen Kontinentalklima geprägt, es ist trockener und kühler.

Landschaften

In leuchtendem Weiß empfangen die Kreidefelsen von Dover ihre Besucher. Klippen und Strandbuchten locken auf den Kanalinseln und in Cornwall. Dort und auf den Scilly-Inseln ist die Vegetation subtropisch: Es wachsen Palmen, Agaven und sogar Bananenstauden. Im Lake District funkeln die Seen inmitten einer atemberaubenden Berg- und Tallandschaft. Weitläufige Wiesen und eine zerklüftete Felsküste begeistern in Wales. Mythen und Legenden ranken sich ums raue schottische Hochland. Auf der idyllischen Isle of Man wechseln sich sanfte Hügel und heidekrautgesäumte Ebenen ab. In Irland zeigt sich die Natur in ihrem schönsten Kleid: Grün, wohin das Auge reicht, unterbrochen von bizarren Felsen und kristallklaren Wasserwegen, von denen der Shannon mit etwa 370 km nicht nur der längste Fluss Irlands, sondern aller Britischen Inseln ist.

Kulturgenüsse

Bereits London ist eine Oase für jeden Kulturliebhaber. Besuchen Sie die Tate Modern mit Kunst von 1900 bis zur Gegenwart und sehen Sie die königliche Infanterie bei der Wachablösung vor dem Buckingham Palace vorbeimarschieren. Flanieren Sie über die Tower Bridge, machen Sie eine Fahrt im gläsernen Riesenrad London Eye oder schippern Sie gemütlich über die Themse, vorbei an Westminster Abbey, den Houses of Parliament und Big Ben, an St. Paul's Cathedral und am Tower of London. Neuster Blickfang der Stadt an der Themse ist der 310 m hohe Wolkenkratzer The Shard.

Liverpool, die Wiege der Beatles und zweitgrößter Exporthafen Großbritanniens, zeigt sich weltoffen. Das Hafenviertel Albert Dock wurde 2004 zum Weltkulturerbe erklärt.

Rund 400 Meter vor der kornischen Küste erhebt sich majestätisch auf einem Granitfelsen das Pendant zum normannischen Kloster Mont-Saint-Michel: St. Michael's Mount. Mit maritimer Kultur warten Museen in Falmouth und Plymouth auf. Eines der schönsten kirchlichen Bauwerke Englands findet sich im Südosten, in Canterbury: die spätgotische Christ Church Cathedral.

Schottlands Hauptstadt Edinburgh ist eigentlich ein riesiges

Museum, traditionell und modern zugleich. Das erhabene Edinburgh Castle beherrscht die Stadt. Von hier aus führt die Royal Mile bis zum Palast Holyroodhouse. Hunderttausende Zuschauer strömen im August zum Edinburgh International Festival.

Im kosmopolitischen Glasgow kommen Architekturliebhaber auf ihre Kosten: Schottlands Architekt Charles Rennie Mackintosh, einflussreicher Vorläufer des Jugendstils, hat sich an vielen Stellen der Stadt verwirklicht. The Lighthouse ist Schottlands Zentrum für Architektur und Design.

Großstädtisch und doch gemütlich präsentiert sich Dublin, einstige Wikingersiedlung mit gleich zwei eindrucksvollen Kathedralen. Die Old Library in Dublins Trinity College birgt einen der am sorgsamsten gehüteten Schätze Irlands: das Book of Kells. Temple Bar ist Dublins Kulturviertel.

Eine überaus lebendige Kulturszene bietet auch Belfast. Im Ulster Museum erfahren Sie u. a. etwas zur Geschichte Nordirlands, in der georgianischen Linen Hall Library alles zur IRA und zum Friedensprozess.

Über 400000 Gebäude stehen allein in Großbritannien unter Denkmalschutz, und über alle Britischen Inseln verteilt laden unzählige Herrenhäuser, Schlösser, Burgen und blühende Gärten zu einer illustren Visite ein.

Die Menschen

Rund 67 Millionen Menschen leben auf den Britischen Inseln. Aus der Ferne betrachtet erscheinen die Engländer, Schotten, Waliser, Iren und Nordiren einander ziemlich ähnlich. Doch sagen Sie das bloß nicht zu laut! Die einzelnen Nationen sind stolz auf ihre Unterschiede, das Gefühl von nationaler und regionaler Zugehörigkeit ist stärker ausgeprägt als die gefühlte Verbindung zu Britannien.

Das zeigt sich auch in der sprachlichen Vielfalt: In Wales ist Walisisch die offizielle Sprache neben Englisch, in Schottland die schottisch-gälische Sprache, in Irland ist es Irisch. Doch alle Bewohner der Britischen Inseln eint ihr trockener Humor, mit dem sie gerne auch einen ironischen Blick auf sich selbst riskieren. Sie sind höflich, zuvorkommend und gesellig und entpuppen sich als wahre Meister des Smalltalks.

Und noch etwas anderes verbindet sie: ihre Pubkultur. Bei einem zünftigen *pint ale* oder *stout*, einem *dram* Whisky (in Irland: Whiskey) und nicht selten Livemusik ist es das normalste der Welt, mit dem Nebenmann oder der Nebenfrau an der Bar zu plaudern – eine wunderbare Chance für alle Besucher, mehr über die Menschen vor Ort zu erfahren.

INHALT

England

Extras

Stadtpläne

Faltkarte I

Einkaufsparadies London

Bristols georgianische Architektur

Achtung: Linksverkehr!

An Südenglands Küste

ENGLAND

Im Land der Pounds und Pints trifft Pubkultur auf Popkultur, trockener Humor auf feuchten Nebel. England muss man lieben!

London

Rote Doppeldeckerbusse, die berittene Polizei im Hyde Park, die Zuckerbäckergotik der Tower Bridge: London, Hauptstadt des Vereinigten Königreichs, muss man erlebt haben. Die Weltstadt ist immer in Bewegung und trotzdem im Einklang mit ihrer 2000-jährigen Geschichte.

Westminster

Am besten beginnen Sie Ihre Stadtbesichtigung am **Trafalgar Square** mit dem Lord-Nelson-Standbild. Der Platz verdankt seinen Namen der Seeschlacht von Trafalgar, als Napoleons Flotte 1805 zwar besiegt, Nelson aber getötet wurde. Die vier Tafeln am Säulensockel erstellte man aus erbeuteten französischen Kanonen; die Löwen sind ein Werk von Sir Edward Landseer.

Die **National Gallery**, ein großes, klassizistisches Gebäude am Trafalgar Square, beherbergt eine der berühmtesten Gemäldesammlungen der Welt: Hier findet man Meisterwerke wie die *Madonna in der Felsengrotte* von da Vinci, Holbeins *Botschafter*, Selbstbildnisse von Rembrandt und Turners *Rain, Steam and Speed*. Die nahe **National Portrait Gallery** ist berühmten Gesichtern Englands gewidmet.

Whitehall ist die Avenue zwischen dem Trafalgar Square und dem Parliament Square, die zum Synonym für Bürokratie und Regierung geworden ist. Von hier aus steuerte der Civil Service im 19. Jh. die Angelegenheiten des britischen Weltreichs. Auf der rechten Seite von Whitehall stehen die fotogenen Mitglieder der Household Cavalry Wache. Die **Wachablösung** findet werktags um 11, sonntags um 10 Uhr statt.

10 Downing Street in einer Seitenstraße von Whitehall ist die offizielle Adresse eines jeden britischen Premierministers seit 1732. In der nächsten Querstraße von Whitehall, parallel zur Downing Street, befinden sich die **Churchill War Rooms**, von denen aus Churchill und das Kriegskabinett im 2. Weltkrieg operierten. Die Kellerräume sind so möbliert, als wäre der große Mann noch da…

Die **Houses of Parliament** überblicken den Parliament Square am unteren Ende von Whitehall. Das neugotische Gebäude entwarf Charles Barry, nachdem der ursprüngliche Palast 1834 einem Feuer zum Opfer fiel. Eduard der Bekenner ließ 1049 den ersten Königspalast von Westminster bauen und übersiedelte das Königliche Gericht aus der City hierher. Dann zog Wilhelm der Eroberer hier ein, und noch 400 Jahre lang residierten hier die Könige. Die 1099 erbaute Westminster Hall ist der einzige ursprüngliche Teil des Palastes. Das House of Lords und das House of Commons tagen in den Houses of Parliament.

Die schöne gotische **Westminster Abbey** gegenüber ist der beste Rahmen für Staatsbegräbnisse, Krönungen und königliche Trauungen. Hier finden die Könige und andere Berühmtheiten auch ihre letzte Ruhestätte. Die Kapelle Heinrichs VII. hat ein schönes Fächergewölbe und birgt die Gräber im Renaissance-Stil von Henry, seiner Mutter Lady Margaret Beaufort und Elisabeth I.

Ein kurzer Umweg Richtung Süden am Fluss entlang führt Sie zur **Tate Britain**, einem äußerst interessanten Museum, das im 19. Jh. von Henry Tate gegründet wurde. Tate Britain zeigt die britische Kunst vom 16. Jh. bis heute (mit Werken von William Blake, Constable, Turner und Francis Bacon). Kehren Sie nun zum Parliament Square zurück und folgen Sie der Great George Street zum **St. James's Park**, dem ältesten und schönsten der königlichen Parks, den André Le Nôtre, der Gartenarchitekt von Versailles, angelegt hat.

Nordöstlich des Parks ließ Heinrich VIII. den **St. James's Palace** erbauen, der 300 Jahre lang eine der wichtigsten Residenzen des englischen Hofes war. Heute besitzen hier einige Mitglieder der königlichen Familie Wohnungen.

Am Ende der Pall Mall befindet sich der **Buckingham Palace**, die offizielle Residenz der Königin. Elisabeth II. und ihr Gemahl belegen von den 600 Räumen allerdings nur ein knappes Dutzend im oberen Stock des Nordflügels. 18 der Prunkräume kann man besichtigen, darunter auch den Thronsaal. Die **Queen's Gallery** zeigt abwechselnd die schönsten Objekte aus der königlichen Sammlung. Im **Königlichen Marstall** (*Royal Mews*) kann man die Pferde und die Staatskarossen der Königin bestaunen. Von Mai bis Juli findet bei schönem Wetter täglich (während der restlichen Zeit an jedem zweiten Tag) um 11.30 Uhr das Schauspiel der Wachablösung *(Changing of the Guard)* vor dem Buckingham Palace statt. Dabei marschiert die Old Guard des St. James's Palace die Mall hinauf bis zur Old Guard vor dem Buckingham Palace, wo sie dann gemeinsam auf die New Guard warten.

Knightsbridge und South Kensington

Zuoberst auf dem Constitution Hill, der sich entlang der Nordfront des Buckingham Palace bis zur Hyde Park Corner zieht, steht das **Apsley House**, das Haus des ersten Duke of Wellington, das heute als Wellington Museum dient. Seine Sammlung umfasst Werke von Rubens, Van Dyck, Brueghel, Goya u.a. In einem der Räume reflektieren riesige vergoldete Spiegel einen Blick auf den **Hyde Park**. Die wunderschöne große Anlage wurde zum Jagdrevier Heinrichs VIII., nachdem er das Grundstück den Mönchen der Westminsterabtei abgenommen hatte. Im Serpentinenteich können Sie baden, rudern oder segeln. An Sonntagen verkünden Vertreter aller Denkrichtungen am **Speakers' Corner** öffentlich ihre Überzeugungen. Westlich des Serpentinenteichs erstrecken sich die **Kensington Gardens**, die einst Wilhelm III. angelegt hatte. In den offenen Grünanlagen, die in den Hyde Park übergehen, heben sich der Round Pond, die Wasserspiele der Italienischen Gärten und das **Albert Memorial** hervor. Am westlichen Rand der Gartenanlage steht der **Kensington Palace**,

istockphoto.com/Edwards

Berühmte Londoner Wahrzeichen: die rote Telefonzelle und Big Ben.

ein eleganter Bau, in dem Mitglieder der Königsfamilie Wohnungen besitzen und wo Prinzessin Dianas letztes Heim war. Neben den Staatsgemächern ist eine Dauerausstellung zum Leben Königin Victorias zu sehen.

Nordwestlich des Palastes erstrecken sich der trendige Bezirk **Notting Hill** und die Portobello Road. **Knightsbridge**, südlich des Hyde Park, ist *das* Shoppingviertel Londons. Es prunkt mit großen Namen der Modebranche, Spitzenrestaurants und dem edelsten Warenhaus der Welt: **Harrods**.

Folgen Sie der Brompton Road, werden Sie bald die neugotische Fassade des **Victoria and Albert Museum (V&A)** erblicken, das wohl weltweit schönste Museum für dekorative Kunst. Gegenüber befinden sich das **Science Museum** und das **Natural History Museum**. Die **King's Road** südlich des Museenviertels spielte zur Zeit der »Swinging Sixties« eine Schlüsselrolle und stand noch während der Punk-Welle der 1970er-Jahre im Zentrum der Gegenkultur. An der King's Road befindet sich auch die **Saatchi Gallery** mit Werken »wilder« BritArt-Künstler wie Richard Wilson, Damien Hirst, Tracy Emin u.a.

West End

Als West End wird der Teil Londons westlich der City bezeichnet. Heute verbindet sich der Name mit der Theaterwelt, Luxusrestaurants und Nachtklubs. Hier befinden sich Museen von Weltrang, großartige Einkaufsstraßen und schöne Parkanlagen. Der eleganteste ist der **Regent's Park** mit Attraktionen wie dem **London Zoo**, einem Teich zum Bootfahren, dem Queen-Mary-Rosengarten und einem Shakespeare-Freilichttheater (im Sommer). Die **Regent Street** ist v.a. für **Hamley's**, das größte Spielzeuggeschäft der Welt, und das Stoffgeschäft **Liberty** berühmt. Auch **Madame Tussauds**, das Wachsmuseum südlich des Parks an der Marylebone Road, lohnt einen Besuch. Nebst der Horrorkammer und Nachbildungen berühmt-berüchtigter Personen gibt die »Spirit of London«-Bahn einen Eindruck der Stadt im Wandel der Zeit. Eine kombinierte Eintrittskarte berechtigt zum Besuch des **Stardome 4D** mit seiner 8-Minuten-Show.

Vom Regent's Park führen die meisten Straßen zur **Oxford Street**, der 3 km langen, lebhaften Shoppingmeile mit renommierten Geschäften. Die Einkäufe kann man in der New und Old Bond Street, der Regent Street und der **Carnaby Street** fortsetzen. Weiter südlich befindet sich **Piccadilly Circus**. Die sogenannte Eros-Brunnenstatue ist in Wahrheit der *Engel der Nächstenliebe*, dem Philanthropen Lord Shaftesbury gewidmet.

istockphoto.com/Torrens

Einkaufstipps

London ist ein Einkaufsparadies, aber nicht das billigste! Junge Leute suchen trendige Mode am besten auf den Märkten, wie z. B. im Covent Garden. Die Marken Wedgwood, Royal Doulton oder Spode stehen für Porzellan von Weltruf. Als Reise-Erinnerung eignen sich Schiffsbilder von einheimischen Künstlern oder Modellschiffe.

Tee, Käse (etwa *stilton* in einem Steinguttopf oder der berühmte *cheddar*) und Orangenmarmelade sind schmackhafte Mitbringsel.

Folgen Sie der Oxford Street bis an ihr östliches Ende, wo sich die Tottenham Court Road befindet. Von hier sind es nur ein paar Schritte zum **British Museum** in der Great Russell Street. Zur überwältigenden Fülle der Schätze gehören ägyptische Mumien und Wandgemälde aus Pompeji, drei Galerien zur Kultur Mesopotamiens und Anatoliens mit reichen Schmucksammlungen und vieles mehr. Östlich des Piccadilly oder südlich des British Museum erstreckt sich der **Leicester Square**, ein beliebter Treffpunkt. Von hier aus kann man Chinatown und den legendären **Soho**-Distrikt mit seinen Cafés, Restaurants und Klubs erkunden.

Gehen Sie dann in östlicher Richtung zum **Covent Garden** in der Charing Cross Road, wo sich an Stelle des Blumen- und Gemüsemarkts heute Geschäfte und Stände mit Antiquitäten, Kleidern und Kunsthandwerk befinden.

Die City

Seit ihrer Gründung durch die Römer ist die City (oder Square Mile) das unangefochtene britische Finanzzentrum. Es gibt hier nebst vielen Sehenswürdigkeiten die stadtältesten Pubs.

Das Druckereigewerbe ließ sich im 16. Jh. in der **Fleet Steet** zwischen den Inns of Court und St. Paul's Cathedral nieder. Zwei Jahrhunderte später wurde die Straße zur Heimat der britischen Presse. Aus dieser Zeit stammt der Spitzname der von Christopher Wren erbauten Kirche **St. Bride's**: »Pfarrkirche der Presse«. Das Museum in der Krypta gibt Aufschluss über die einstigen Drucker und Zeitungen.

Folgen Sie der Fleet Street östlich bis zum Ludgate Hill. Bevor Sie zur St. Paul's hinaufsteigen, biegen Sie links ab, um zum **Old Bailey**, dem bekanntesten Gerichtshof der Welt, zu gelangen. Sie können von einer der Besuchergalerien aus den Rechtsvertretern (in Perücke) bei der Arbeit zuschauen.

Auf dem Ludgate Hill erhebt sich ein Wahrzeichen Londons, die **St. Paul's Cathedral**, ein Meisterwerk von Christopher Wren. Der Kuppelbau ist die fünfte Kirche, die dem Schutzpatron Londons zu Ehren hier errichtet wurde. Nachdem die vierte beim großen Feuer von 1666 abgebrannt war, fand Wren im Schutt den alten Grundstein mit der Inschrift *Resurgam* (»Ich werde auferstehen«) und ließ das Wort am Giebeldreieck des Südtors seiner Kirche verewigen. In St. Paul's wurden die Begräbnisse von Lord Nelson und dem Duke of Wellington abgehalten; hier fand die Hochzeit von Lady Diana und Prinz Charles statt. Im Inneren ist das geschnitzte Chorgestühl zu bewundern. In der

Bei Nacht ein einziges Leuchten: die Londoner Tower Bridge.

Krypta ruht Christopher Wren; auch seine Architekturmodelle sind hier zu sehen. Steigen Sie in die **Flüstergalerie** hinauf und probieren Sie die außergewöhnliche Akustik aus. Von der Golden Gallery aus hat man eine wunderbare Sicht.

Das **Museum of London** nördlich von St. Paul's lohnt einen Abstecher. Es bietet einen faszinierenden Rückblick auf die Geschichte der Stadt. Fünf neue Galerien wurden 2010 eröffnet.

Südöstlich des Museums, am Flussufer, thront der **Tower of London** – eines der berühmtesten Gebäude der Welt, das u.a. als königliche Residenz, Gerichtshof, Gefängnis und Hinrichtungsstätte diente. Es beherbergt auch die berühmten **Kronjuwelen**. Die Grundsteine des Towers wurden im 11. Jh. gelegt, als Wilhelm der Eroberer seine Stellung sichern wollte. Heute wird der Tower von Yeomen (»Beefeaters«) bewacht, die Schauergeschichten erzählen und für Fotos posieren. Seit 700 Jahren findet allabendlich die **Ceremony of the Keys** statt.

Über die Themse spannt sich die **Tower Bridge**, ein Glanzstück viktorianischer Ingenieurskunst. Der Mittelteil kann innerhalb von 90 Sekunden für die Durchfahrt großer Schiffe geöffnet werden – wenngleich dies heute nicht mehr oft geschieht. Im Innern der Brücke dokumentiert die **Tower Bridge Exhibition** ihre über 100-jährige Geschichte.

South Bank

Der einst verrufene Außenbezirk trat ins neue Millennium mit gewagten Bauprojekten, Museen und Kunstkomplexen ein.

Nichts deutet mehr darauf hin, dass der am Themseufer vertäute Kreuzer **HMS Belfast** im 2.Weltkrieg bei der Landung der Alliierten am D-Day in der Normandie eine wichtige Rolle gespielt hat. Man kann an Bord steigen und sein Inneres besichtigen.

The Shard (»die Scherbe«), der von Renzo Piano entworfene und im Juli 2012 eingeweihte Wolkenkratzer, ragt 310 m hoch in den Himmel. Der Blick von der Aussichtsplattform (im 68., 69. und 72. Stock) ist einzigartig.

Das **Old Operating Theatre Museum & Herb Garret** im Schatten der »Scherbe« widmet sich der Medizin vor der Ära der modernen Wissenschaft und stellt allerlei gruseliges chirurgisches Gerät aus. Eingerichtet wurde es im früheren Operationsblock des St-Thomas-Spitals.

Wieder am Fluss kommen Sie nach der Southwark Bridge zum **Shakespeare's Globe Theatre** mit strohgedecktem Dach wie zu Shakespeares Zeiten – man hat es auch unweit der Stelle errichtet, wo der Originalbau stand. Führungen informieren Sie über Techniken und Hilfsmittel der damaligen Aufführungen.

Die **Tate Modern** in dem von den Schweizer Architekten Herzog und de Meuron neu gestalteten Bankside-Kraftwerk ist eine Galerie internationaler Kunst von 1900 bis zur Gegenwart. Es gibt hier mehrere Läden und im 6. Geschoss ein Café mit großartigem Blick auf St. Paul's.

Gleich vor der Tate Modern verbindet die filigrane **Millennium Bridge** die beiden Themseufer. Die vom Architekten Sir Norman Foster und dem Bildhauer Sir Anthony Caro als »Lichtstrahl« konzipierte Fußgängerbrücke aus Edelstahl und Aluminium wurde von der Queen im Mai 2000 eingeweiht.

Gehen Sie die Themse entlang weiter, am mehrstöckigen South Bank Arts Complex vorbei zum gigantischen Riesenrad **London Eye**. Eine Fahrt dauert etwa 30 Minuten; der Blick über die Stadt aus 135 m Höhe ist einmalig.

Ein paar Schritte vom London Eye wurde im früheren Hauptquartier des Greater London Council das **Sea Life London Aquarium**, eine der größten Ausstellungen Europas zum Meeresleben, eingerichtet. Hier können Sie Meeresschildkröten füttern, den Rochen zusehen und mit Haien tauchen. Gleich neben dem Sea Life hat sich im Untergeschoss der County Hall das neue **London Dungeon** eingerichtet, ein Horrormuseum, das allerdings nichts für Nervenschwache und Kinder ist. Inszeniert werden Folter, Tod, Jack the Ripper und – sehr realitätsnah – ein Londoner Großbrand.

Dover

Für die vom Festland heimkehrenden Briten sind die Kreidefelsen von Dover der Inbegriff von Heimat. Das leuchtende Weiß hat schon immer rührselige Barden inspiriert und England sogar seinen poetischen Namen Albion verschafft (vom lateinischen *albus*, kalkweiß).

Der Fährhafen von Dover ist eine hochmoderne Anlage, die den täglichen Strom von Autos und Passagieren über den Ärmelkanal gewährleistet. Die Stadt ist vom Verkehrsfluss nur wenig berührt, da er über eine Umgehungsstraße geleitet wird.

istockphoto.com/Oversnap

Genießen Sie den Anblick der Kreidefelsen von Dover aus sicherer Distanz – durch Erosion können sich Gesteinsbrocken lösen.

Im **Dover Discovery Centre** am Marktplatz sind das Dover Museum, die Dover Library, ein Café, ein Kino und ein kleiner Theatersaal untergebracht. Im Museum werden die neusten technischen Errungenschaften eingesetzt, um die bewegte Geschichte der Stadt zum Leben zu erwecken, von den Römern und Angelsachsen bis zum 2. Weltkrieg. Ein Höhepunkt der Ausstellung sind die restaurierten Teile eines über 3500 Jahre alten Bootes.

In der New Street sollten Sie sich das **Painted Roman House** anschauen. Hier findet man die ältesten, besterhaltenen Wandmalereien Großbritanniens, und außerdem sieht man das komplizierte Heizungssystem, das die Römer unter dem Fußboden des Hauses anlegten.

Biegen Sie oben an der Biggin Street in die Priory Street ein, wo die **St. Edmund's Chapel** aus dem 13. Jh. steht. Nach der Reformation wurde die winzige Kapelle als Scheune, Wohnhaus und Schmiede benutzt, bevor man sie 1968 restaurierte und neu weihte. Sie ist wohl die kleinste englische Kirche, in der regelmäßig Gottesdienste stattfinden.

An der Ecke von Biggin und Ladywell Street steht die aus dem Jahr 1203 stammende **Maison Dieu**. Der eindrucksvolle Bau, der nun zum Rathaus gehört, diente gut 300 Jahre lang als Pilgerherberge. Die Glasmalereien der Fenster stellen Ereignisse aus Dovers Geschichte dar.

In der Snargate Street befindet sich der Eingang zum **Grand Shaft** (Großer Schacht), einer dreifachen Treppe, die man 1809 in den Fels gebohrt hat, um die schusssicheren Räume der Western Heights, einer napoleonischen Festungsanlage, mit der Stadt und dem Hafen zu verbinden.

Mit dem Bau von **Dover Castle** hoch oben auf der östlichen Klippe wurde gegen Ende des 12. Jh. unter Heinrich II. begonnen. Schon seit der Eisenzeit gab es hier oben eine befestigte Anlage, und in die heutige Burg sind römische und angelsächsische Überreste einbezogen worden. Während der Napoleonischen Kriege hat man die Festung den Erfordernissen der damaligen Waffentechnik angepasst. Ihre doppelten Ringmauern umschließen einen viereckigen Wohnturm. Bei klarer Sicht ist von den Mauern aus die französische Küste zu erkennen.

Tief unter den Felsen von Dover Castle liegen die **Secret Wartime Tunnels**, ein in den weichen Kalk gegrabenes Labyrinth von Stollen, das es der Besatzung ermöglichte, vom Feind unbemerkt von einem Teil der Anlage in einen anderen zu gelangen. Dieses Tunnelsystem aus dem 13. Jh. wurde in den Napoleonischen Kriegen erweitert und im 2. Weltkrieg während der Schlacht um England wieder benutzt.

Einen starken Gegensatz zu den glatten, eckigen Mauern von Dover Castle bildet der **römische Leuchtturm** *(Pharos)*. Die bröcklige Ruine innerhalb der äußeren Ringmauern, das wohl älteste erhaltene Bauwerk Großbritanniens (1. Jh.), scheint allen Restaurierungsversuchen zu widerstehen. Der achteckige Turm hatte acht sich nach oben verjüngende Stockwerke, von denen noch fünf existieren (nur die untersten vier sind römisch). Der Pharos wurde später der Glockenturm von **St. Mary in Castro**, der auf das frühe 11. Jh. zurückgehenden sächsischen Kirche (im 19. Jh. restauriert).

Cinque Ports und Sandwich

Eduard der Bekenner förderte in seiner Regierungszeit (1042–66) den Zusammenschluss der fünf Städte Dover, Hythe, Romney, Hastings und Sandwich zu einem mächtigen Handels- und Verteidigungsbund, bekannt als Cinque Ports. Die Hafenstädte kamen in die Gunst von Steuer- und Handelsprivilegien, dafür hatten sie dem König mehrere Dutzend komplett ausgerüsteter Schiffe zur ständigen Verfügung zu stellen – hier liegen die Anfänge der Royal Navy.

Sandwich nördlich von Dover ist ein malerisches kleines Städtchen, romantisch an einer Schleife des Stour River gelegen. Der ehemalige Hafen ist schon seit Jahrhunderten versandet, aber die mittelalterlichen Befestigungsanlagen sind noch erhalten. In keiner anderen Straße ganz Englands soll es so viele Fachwerkhäuser geben wie in der Strand Street von Sandwich. Sehenswert ist auch das Barbican Gate am Kai, ein altes Stadttor aus dem 16. Jh., wo noch bis 1975 eine Maut verlangt wurde.

Canterbury

Die Straße A2 führt von Dover direkt ins 25 km entfernte Canterbury und durchquert einen der schönsten Landstriche Englands.

Schon zur Zeit der Römer war das heutige Canterbury unter dem Namen *Durovernum Canticorum* eine wichtige Siedlung. Seit 1300 ist sie das Zentrum des anglikanischen Glaubens. Waren im Mittelalter vor allem Wallfahrer – wie in Geoffrey Chaucers *Canterbury Tales* (14. Jh.) – von der Stadt angezogen, wird sie heute von zahlreichen Touristen aufgesucht.

Der historische Kern wurde im 2. Weltkrieg durch Luftangriffe zerstört. Dennoch sind viele mittelalterliche Fachwerkhäuser und historische Pubs erhalten geblieben, und die Altstadt wurde hervorragend restauriert.

Den Haupteingang zur imposanten **Christ Church Cathedral** bildet ein reich verziertes spätgotisches Tor (1517), zugleich der Rahmen für die beste Gesamtansicht der Kathedrale, die neben der Westminster Abbey zu den schönsten kirchlichen Bauwerken Englands zählt. Wie durch ein Wunder blieb sie während des 2. Weltkriegs unversehrt. Der alles überragende Hauptturm, zwischen 1490 und 1503 errichtet, ist ein großartiges Beispiel des sogenannten Perpendikularstils. Die Kathedrale entstand in mehreren Bauphasen; der älteste Teil ist die normannische **Krypta**, die größte Englands, die v.a. wegen ihrer verzierten Kapitelle lohnend ist.

Das erhabene **Langhaus** (um 1380) ist ein Werk des bedeutendsten englischen Baumeisters jener Zeit, Henry Yevele. Beim Entwurf des ungewöhnlich langen **Chors** nahm der Normanne Guillaume de Sens 1175 die Kathedrale von Sens in Frankreich zum Vorbild. Eine Gedenkplatte im nördlichen Querschiff der Kathedrale kennzeichnet das **Martyrdom**, die Stelle, an der Thomas Becket erschlagen wurde. Szenen aus dem Leben und die Ermordung des Heiligen sind in einem der wunderbaren Fenster dargestellt. Vom Chor führen die Pilgerstufen zur **Trinity Chapel** (Dreifaltigkeitskapelle), wo bis zur Reformation Beckets wundertätiger Schrein stand. Heinrich VIII. ließ 1538 die sterblichen Überreste des Heiligen verbrennen, den Schrein zerstören und den Kirchenschatz einziehen. Erklimmen Sie die 287 Stufen des Mittelturms, **Bell Harry Tower**; von hier aus haben Sie einen herrlichen Blick über die Stadt.

In unmittelbarer Nähe der Kathedrale liegen die Ruinen der vom hl. Augustin gegründeten Benediktinerabtei und die berühmte **King's School**. Die einstige Stiftsschule erlitt während der Reformation das gleiche Schicksal wie alle anderen Klöster, wurde aber 1541 wieder eröffnet.

In der Longport Street steht die älteste Kirche Englands, **St. Martin's**, die auf die römische Zeit des 3. Jh. zurückgeht. Ein Umbau im 13. Jh. veränderte die Kirche, doch sind Teile der Mauern noch römisch. Gucklöcher ermöglichten es den Aussätzigen, der Messe beizuwohnen.

Brighton

Englands berühmtestes Seebad hat eine lange Tradition, die auf die Mitte des 18. Jh. zurückgeht, als das Meerwasser zur Behandlung von Krankheiten entdeckt wurde und die Adeligen anreisten, um hier die Seeluft mit allem Komfort zu genießen. Der Dichter Lord Byron war Dauergast; Charles Dickens, William Thackeray, Henry James und Graham Greene ließen sich hier zu ihren Werken inspirieren.

Die Stadt mit knapp 130 000 Bewohnern vereint Geschichte, Lebenslust und Unkonventionelles. Imposant ist der 500 m weit ins Meer hinausragende **Brighton Pier** mit einem leuchtend weißen Kuppelbau und filigranem gusseisernen Geländer (1891–99 erbaut). Die viktorianische Eleganz wird jedoch durch den Rummel der Touristenmassen, Amüsierbetriebe und Imbissstände gemindert. Im Jahr 2015 soll das **i360**, ein spektakulärer Aussichtsturm der Architekten des London Eye, auf dem **West Pier** (1866) eröffnet werden. Damit hat das heutige Brighton viele Gesichter und ist alles andere als eine Museumsstadt.

Ein Überbleibsel aus der Blütezeit des vornehmen Bades ist der **Royal Pavilion**, der wie das Fantasieschloss eines indischen Maharadschas wirkt: Er diente dem Prinzregenten und späteren König Georg IV., der hier seinem Faible für alles Orientalische freien Lauf ließ, als Domizil.

Falls die Zeit reicht, können Sie auch Brightons Altstadt **The Lanes** kennenlernen. Hinter herausgeputzten Häuserfassaden in den verwinkelten Gassen des ehemaligen Fischerviertels sind nun Antiquitäten- und Trödelläden, Designer-Boutiquen, Cafés und Restaurants eingezogen.

Southampton

Schon im Mittelalter ein wichtiger Handelshafen, war Southampton bis zur Mitte des 20. Jh. auch der größte Überseehafen des Inselreichs. Noch heute ist Southampton mit rund 240 000 Einwohnern die größte Stadt der Region und Anlaufhafen für Luxusdampfer und Kreuzfahrtschiffe. Riesige Passagierschiffe wie die *Queen Mary* wurden hier gebaut, und die *Titanic* startete im Frühjahr 1912 von Southampton zu ihrer verhängnisvollen Jungfernfahrt in Richtung Amerika.

Pünktlich zum 100. Jahrestag der *Titanic*-Katastrophe eröffnete im April 2012 das **SeaCity Museum** das sich dem berühmten Transatlantikliner und der Seefahrtsgeschichte Southamptons widmet.

Eine weitere Seereise begann im Hafen der Stadt: Am 5. August 1620 segelten die *Mayflower* und ihr Schwesterschiff *Speedwell* in Richtung Neue Welt.

Heute erinnert das **Mayflower-Denkmal** im gleichnamigen Park an die Reise der *Pilgrim Fathers*, mit der die Besiedelung Amerikas begann. Da die *Speedwell* sich als wenig seetauglich erwies, mussten beide Schiffe in Plymouth vor Anker gehen. Einen Monat später segelte die *Mayflower* alleine weiter. Beide Städte nehmen daher den Ausgangspunkt der legendären Reise für sich in Anspruch.

Vom mittelalterlichen Zentrum ist wenig übrig geblieben. Historisches findet man im 1290 erbauten **Merchant's House** (von April bis September sonntags geöffnet), das Einblick in die Wohnverhältnisse im frühen Mittelalter gewährt. In den beiden ältesten Pubs der Stadt, dem **Duke of Wellington** in der Bugle Street und dem **Red Lion** in der High Street, kann man gut essen.

Portsmouth

Portsmouth ist die glorreiche Königin unter den britischen Häfen und seit über 500 Jahren Hauptquartier der königlichen Marine.

Im **Historic Naval Dockyard**, der ersten königlichen Werft, sind prachtvolle Schiffe aus Englands großer Zeit zu sehen, die von den entscheidenden Seeschlachten und Innovationen im Schiffsbau zeugen. Das **Royal Naval Museum** stellt seine Schätze in mehreren Gebäuden aus.

In einer besonders konstruierten Halle unter Glas, gekühlt und ständig mit Salzwasser berieselt, um das Holz zu konservieren, liegt die *Mary Rose*, das Flaggschiff Heinrichs VIII. Im Sommer 1545, als England den Angriff der französischen Flotte abwehren musste, kenterte das brandneue Schiff beim Auslaufen vor den Augen des Königs.

Beinahe viereinhalb Jahrhunderte lag die *Mary Rose* vor der Küste der Isle of Wight auf dem Meeresgrund. 1982 wurde dann der fast vollständig erhaltene Schiffsrumpf mit Tausenden von Ausrüstungsgegenständen geborgen – eine archäologische Sensation. Seither wird an der Entwicklung von Konservierungsmitteln und Techniken gearbeitet, die den Verfall des Schiffes aufzuhalten vermögen. Im Spätfrühling 2013 wird die *Mary Rose* – zum 500. »Geburtstag« – in das neue 35 Millionen Pfund teure **Mary Rose Museum** überführt.

Ein Höhepunkt der maritimen Sehenswürdigkeiten ist die *HMS Victory*, das Admiralsschiff des englischen Seehelden Lord Horatio Nelson, der 1805 in der Seeschlacht von Trafalgar Napoleon besiegte. Das berühmte Schiff ist sorgfältig restauriert worden und liegt nun in beeindruckender Pracht im Trockendock, wo man auf einem Rundgang durch die Decks des Schiffs hautnah die

Lebens- und Arbeitsbedingungen der Seeleute erfahren kann. Die Stelle an Deck, wo Nelson seine tödliche Verwundung erlitt, ist durch eine Silberplatte mit der Inschrift »Nelson fell here« gekennzeichnet.

Seit 2005 ist Portsmouths Hafen auch aus der Vogelperspektive zu bewundern: Steigen Sie dazu auf den **Spinnaker Tower**, einen 170 m hohen Aussichtsturm (mit Lift). Die Form dieses neuen Wahrzeichens erinnert an das Spinnaker genannte bauchige Segel einer Jacht.

In Portsmouth wurde 1812 der Schriftsteller Charles Dickens geboren. Sein Geburtshaus – **Charles Dickens' Birthplace** – das mit Mobiliar der Familie eingerichtet ist und einige Manuskripte zeigt, kann besichtigt werden.

Direkt an der Esplanade von **Southsea**, dem Seebad im Südosten der Stadt, liegt die restaurierte Festung **Southsea Castle**, die Heinrich VIII. zur Küstenverteidigung errichtete. Gleich gegenüber erfährt man im **D-Day Museum** in Ausstellungen und Filmen, wie die »Operation Overlord« vorbereitet wurde. Die Invasion zur Befreiung Europas begann im Juni 1944 von Portsmouth aus.

Stonehenge

Englands berühmtestes prähistorisches Monument, die neolithische Kultstätte inmitten der

istockphoto.com/Lamontagne

Seit Jahrhunderten fasziniert das Geheimnis von Stonehenge die Menschen.

Hochebene Salisbury Plain, ist zum Besuchermagneten geworden. Die Anlage besteht aus zwei konzentrischen Steinkreisen mit massigen Monolithen. Mit dem Bau der Kultstätte wurde vermutlich vor rund 5000 Jahren begonnen. Zuerst schüttete man einen Ringwall von etwa 90 m Durchmesser auf, der im Nordosten geöffnet war. In der Innenseite des Erdwalls wurden später 56 Gruben entdeckt. Sie dienten jahrhundertelang als Begräbnisstätten (man fand dort Reste von

Der im 14. Jh. errichtete Vierungsturm der Kathedrale von Salisbury.

Holz und menschliche Asche). In einer zweiten Bauphase begann man, die ersten Monolithen zu setzen. Es entstanden ein äußerer und ein innerer Kreis. Je zwei der mächtigen Steinblöcke wurden mit einem Deckstein *(hanging stone)* zu einem Trilith (einer Art Torbau) verbunden. Von den ursprünglich 30 Trilithen stehen heute noch 16, sechs von ihnen mit Deckstein. Die tonnenschweren Blaustein-Blöcke (Dolerit) des inneren Kreises wurden wahrscheinlich von den mehrere Hundert Kilometer entfernten Prescelly Mountains in Wales herangeschafft. Die mächtigen Sandstein-Findlinge (Sarsen) des äußeren Kreises kommen aus Marlborough, etwa 30 km nördlich von Stonehenge. Ganz im Innern der Anlage befand sich der Altarstein, ursprünglich umgeben von niedrigeren, kreisförmig angelegten Steinblöcken.

Der Sinn der mythischen Steinkreise ist bis heute nicht völlig geklärt. Vieles spricht dafür, dass Stonehenge eine Opferstätte war. Vom Altarstein im Zentrum der Ringe gesehen stand die Sonne am 21. Juni genau über dem *heelstone* (Fersenstein), der in der vom äußersten Kreis wegführenden Avenue platziert war; und zur Wintersonnenwende ging sie über dem zentralen Trilithen auf. Diese beiden Besonderheiten weisen darauf hin, dass Stonehenge ein genauer astronomischer Kalender war. Die magische Stimmung dieses Ortes einzufangen, fällt in der meist großen Menschenmenge etwas schwer.

Salisbury

Das Panorama der idyllisch am Ufer des Avon gelegene Hauptstadt der Grafschaft Wiltshire mit ihrer Kathedrale inspirierte viele Landschaftsmaler.

Durch die High Street kommt man zum **North Gate**, und dahinter schweift der Blick über die weite grüne Rasenfläche der Domfreiheit **Cathedral Close**, die größte in England. Die **Kathedrale** ist ein Wunderwerk früher englischer Gotik (erbaut 1220–58). Im Kirchenschiff ragen insgesamt 8760 Säulen auf, eine für jede Stunde des Jahres. Die Westseite ist mit Skulpturen verziert. Das Kapitelhaus wurde nach dem Vorbild der Westminster Abbey gestaltet. Hier wird eines der vier Originale der *Magna Charta* aufbewahrt. Der Kirchturm ragt mit 123 m so hoch in den Himmel wie kein anderer in England. Einen Bummel durch die Altstadt mit ihren winkligen Gassen und mittelalterlichen Häusern sollte man nicht verpassen. Gemütliche Pubs laden zur Einkehr ein.

Isle of Wight

Die schmale Meerenge des Solent trennt die Isle of Wight von der britischen Hauptinsel. Die Anreise mit dem Schnellboot ab Southampton dauert nur 20 Minuten, mit dem Hovercraft von Southsea sogar unter 10 Minuten.

Die »Sonneninsel« bietet ein mildes Klima, das fast immer besser ist als auf dem englischen Festland. Obwohl sie mit 35 km Länge und 20 km Breite recht überschaubar ist, weist sie doch eine außergewöhnliche Landschaftsvielfalt auf: im Innern schmucke Dörfchen mit reetgedeckten Cottages zwischen Wäldern und Wiesen in den Hügellandschaften verstreut, an den Küsten, wo man nach Fossilien suchen kann, senkrecht abfallende Kreidefelsen, die sich vom Blau des Meeres abheben, und hübsche Hafenorte mit einladenden Stränden und ausgezeichneten Möglichkeiten für den Segelsport. Kein Wunder, dass die Isle of Wight eines der beliebtesten Urlaubsziele der Engländer ist!

Früher zog es vor allem die begüterten Gesellschaftsschichten, Künstler, Schriftsteller und Adelige auf die Insel Wight; deshalb sind hier so viele schlossähnliche Gebäude und vornehme Landhäuser anzutreffen. Auch Königin Viktoria und ihr Ehemann Albert von Sachsen-Coburg-Gotha errichteten sich ihre Sommerfrische – im Stil einer neapolitanischen Villa – in der Nähe des Hafenstädtchens Cowes im Norden der Insel. Die Wohnräume des Osborne House genannten Anwesens blieben unverändert, sodass es ein gutes Bild vom Privatleben der Königin vermittelt, die als Witwe die letzten 40 Jahre ihres Lebens hier verbrachte. Die größten Städte, wo rund die Hälfte der knapp 145 000 Inselbewohner lebt, sind Newport im Zentrum und das Seebad Ryde an der Nordküste.

Cowes

Dieser Küstenort gilt als Mekka der Segler. Während der Cowes-

Regatten Anfang August herrscht Hochbetrieb. Der Solent ist dann dicht gesprenkelt mit den weißen Segeln der Jachten, und in Englands renommiertestem Jachtklub, dem Royal Yacht Squadron Club im West Cowes Castle, wo schon Kaiser Wilhelm II. zu Gast war, herrscht Feststimmung.

Liebhaber antiker Boote sollten sich das neue **Classic Boat Museum** in East Cowes ansehen.

Newport und Ryde

Im **Museum of Island History** in der Guildhall von Newport erfährt man alles über Geschichte und Geologie der Region. Verlässt man die Stadt in südwestlicher Richtung, erreicht man bald **Carisbrooke Castle**, wo König Karl I. 1642 in Gefangenschaft war, bis er ein Jahr später in London hingerichtet wurde. Auf dem Gelände der Burg finden im Sommer farbenfrohe Ritterspiele statt.

In **Ryde** legen die Fähren aus Portsmouth an. Die Stadt bietet gute Einkaufsmöglichkeiten und Unterhaltung. Trotz akzeptablem Sandstrand ist das Baden hier, wie auch in Cowes, wegen der oft schlechten Wasserqualität (aufgrund der Nähe zu Portsmouth) eher nicht zu empfehlen.

Badeorte im Südosten

In den hübschen Küstendörfern **Sandown**, **Shanklin** und **Ventnor** künden noch heute große Villen und prachtvolle Hotels von der viktorianischen Ära, auch wenn die Imbissbuden und das übliche Unterhaltungsangebot längst Einzug in die einst vornehmen Kurorte gehalten haben. Dank des milden Klimas gedeihen subtropische Gewächse; weite Strände an türkisfarbenem Meer, Palmen, Agaven und prächtige Blumenanlagen mit haushohen Fuchsiensträuchern vermitteln mediterrane Atmosphäre. In Sandown (Culver Parade) lädt die **Dinosaur Isle** zum Besuch – ein interaktives Geologiemuseum mit 30000 Exponaten, darunter fast vollständige Dinosaurierskelette.

Im **Ventnor Botanic Garden** fasziniert nicht nur die subtropische Pflanzenvielfalt, hier gibt es auch ein interessantes kleines Museum: In unterirdischen Gewölben informiert das **Smuggling Museum** über den einstigen lukrativen Nebenerwerb der Küstenbewohner.

Im Fischerdorf **Bembridge** im östlichsten Zipfel der Insel zeigt das **Shipwreck Centre and Maritime Museum** sehenswerte Ausstellungen über die Seefahrtstradition mit Exponaten, die aus gestrandeten Schiffen geborgen wurden.

Godshill und Umgebung

Eine wahre Postkartenidylle findet man im historischen Ort Godshill mit seinen reetgedeckten Cottages, in denen Kunstgewerbe angeboten wird und wo

Cafés, Teestuben und Pubs mit blumengeschmückten Biergärten zur Rast einladen. Die kleine normannische **Kirche St Lawrence** ist fast 1000 Jahre alt. Vor allem in den Ferienmonaten Juli und August herrscht in Godshill viel Betrieb, und wer es gerne etwas stiller hätte, wird sich in Dörfern wie Bonchurch, Brighstone, Calbourne, Brook oder Shalcombe wohler fühlen.

Das beschauliche **Bonchurch** mit den alten Bäumen, einem sanft fließenden Bächlein und der über 900 Jahre alten Kirche St Boniface veranlasste schon Henry James und Charles Dickens zu lyrischen Lobpreisungen.

Der Westen der Insel

Auf schönen Wanderungen entdeckt man die reizvolle Westspitze der Insel. An der **Freshwater Bay** mit dem hübschen Ort **Freshwater** bieten sich ausgezeichnete Ausblicke auf die Kreidefelsen der Steilküste und die leuchtend gelben Rapsfelder im Inselinnern. Von der äußersten Landspitze aus haben Sie einen besonders schönen Blick auf die der Küste vorgelagerten **Needles**, einer Reihe schneeweißer Kreideklippen, die nadelspitz aus dem Wasser ragen.

Am besten ist die Sicht von der **Old Battery** aus, einer Befestigungsanlage mit Tunneln und Kasematten aus dem Jahr 1862. Eine geologische Besonderheit ist die **Alum Bay**: Die steil zum Wasser abfallenden Sandsteinfelsen schimmern hier je nach Tageslicht in intensiven oder zarten Farben, von Rot und Gelb über sattes Braunorange zu Blauviolett- und Grünschattierungen.

Hoch über dem Meer verläuft der Wanderweg **Tennyson Trail**, der immer wieder eine bezaubernde Sicht bietet. Eine ganz andere, ebenso unvergleichliche Perspektive des spektakulären Küstenpanoramas erhält man während einer kleinen Bootsfahrt zu den Needles. Bei Alum Bay führt ein Sessellift von der Steilküste hinunter an den Strand.

Plymouth

Plymouth (255 000 Einwohner) ging aus dem mittelalterlichen Fischerdorf Sutton hervor und ist heute eine geschäftige Hafenstadt. Durch den Wiederaufbau nach dem Zweiten Weltkrieg wird ihr Erscheinungsbild zwar von viel Betonarchitektur geprägt, aber in den Pubs des alten Fischerviertels **The Barbican** am Sutton Harbour, wo Francis Drakes Weltumsegelung begann, ist noch ein wenig Seefahrer-Atmosphäre aus der elisabethanischen Zeit zu spüren.

Wissenswertes zur Stadtgeschichte erfahren Sie im **Merchant's House Museum** (St. Andrew's Street, im Herbst und Winter geschlossen). Am südlichen Ende des alten Hafens steht man vor den **Mayflower Steps**. Dieses Portal erinnert an den Aufbruch der Pilgerväter in die Neue Welt.

Im Osten beherrscht die 1665 von Karl II. erbaute **Royal Citadel** das Stadtbild. Die Hafenpromenade weist gepflegte Anlagen auf, besonders schön ist der etwas höher gelegene grüne Platz **The Hoe**. Hier steht neben anderen Denkmälern, die an die Vergangenheit der Stadt erinnern, der Leuchtturm Smeaton's Tower und die **Statue Francis Drakes**, der stolz über den Hafen blickt.

Das hervorragende, in einem architektonisch attraktiven Gebäude untergebrachte **National Marine Aquarium** an der Ostseite des Hafens im Stadtteil Coxside ist auf jeden Fall einen Besuch wert. Es ist das größte Aquarium im Vereinigten Königreich; ein riesiges Becken erstreckt sich wie eine Glassäule über mehrere Stockwerke. Neben Haien sind auch andere Großfische zu sehen – und die europaweit größte Seepferdchenpopulation!

Exeter

Die alte Dom- und Universitätsstadt (110 000 Einwohner) am River Exe ist Hauptstadt und kulturelles Zentrum der Grafschaft Devon. Um das Jahr 80 n. Chr. haben hier die Römer eine Siedlung gegründet; von ihrer Stadtmauer ist im Osten von Exeter noch ein Teil zu sehen. 1050 wurde Exeter Bischofssitz; die 1003 von den Dänen zerstörte Abtei wurde zu einer normannischen Kirche ausgebaut.

Fast ein Jahrhundert lang dauerte es, bis die **Exeter Cathedral** 1360 fertig war. Die Westfassade dieser großartigen Kirche ist mit ihrer herrlichen Fensterrosette über der dreireihigen Skulpturengalerie ein Beispiel bester englischer Steinmetzkunst. Die Figuren – Engel, biblische Könige, Propheten und Apostel – waren ursprünglich farbig bemalt. Beeindruckend sind auch der schön geschnitzte Chor und der 18 m hohe Bischofsthron. Unter den kostbaren Handschriften der Dombibliothek befindet sich das *Exeter Book*. Diese Gedichtsammlung, ein wichtiges Zeugnis der angelsächsischen Literatur, geht auf das 10. Jh. zurück.

1942 wurden große Teile von Exeters Altstadt zerstört. Die Kathedrale und ein angrenzendes mittelalterliches Viertel blieben jedoch verschont. Hier zeugt in der High Street die imposante **Guildhall**, ein 1466 erbautes Zunfthaus, vom Kaufmannsreichtum des Mittelalters. Heute zählt es zu den ältesten Rathäusern Englands. Das von 2007–2011 umfassend renovierte **Royal Albert Memorial Museum** widmet sich u. a. der Stadtgeschichte, und in den **Underground Passages** werden auf Führungen durch die mittelalterlichen Tunnelgewölbe der alten Wasserkanäle Gruselgeschichten erzählt. In der St. Martin's Lane, einer schmalen, mit Kopfsteinen gepflasterten Gasse, die von der High Street zur Domfreiheit führt, lädt die Schenke **Ship Inn** aus dem 16. Jh. zur Verschnaufpause ein. Auch **Mol's Coffee House** im Fachwerkhaus gleich in der Nähe am Cathedral Close stammt aus dieser Zeit. Besonders attraktiv sind die Antiquitäten- und Kunstgewerbeläden, Pubs und Cafés des ehemaligen Hafengeländes.

Dartmoor

Weite Moorflächen, klare Bäche, uralte Steinbrücken und kleine Dörfer wie aus dem Bilderbuch: Das ist Dartmoor, eine der unberührtesten Landschaften Europas.

Über 900 km² des seit 1949 **Dartmoor National Park** genannten Gebiets stehen unter Naturschutz. Berühmtheit erlangte es nicht zuletzt durch Arthur Conan Doyles Buch *Der Hund von Baskerville* aus dem Jahr 1902, in dem die düstere Urlandschaft so treffend beschrieben wird.

Doch zeigt sich das Moorgebiet auch von einer ganz anderen Seite: Sanfte Täler mit ausgedehnten Heideflächen, leuchtend gelbem Ginster, Wildblumen und Farnen laden zu einem Streifzug ein. Steinkreise, Reste vorgeschichtlicher Siedlungen und *thors* liegen auf den Hügelkuppen verstreut. Die Thors, bis einige Hundert Meter hohe Granitfelsen, sind in Jahrmillionen durch Erosion entstanden.

Das Wetter ist launisch – Wanderer sollten darauf gefasst sein. Nur besonders genügsame Tiere überleben hier den Winter, wie etwa das Dartmoor-Schaf und das seit ein paar Tausend Jahren ansässige Dartmoor-Pony.

Princetown hat ein gutes Informationsbüro, wo man das nötige Material für Touren durch Dartmoor erhält. Im berüchtigten, 1806 errichteten **Dartmoor Prison** wurden einst Gefangene aus den Napoleonischen Kriegen eingesperrt. 150 m entfernt befindet sich ein **Gefängnismuseum**.

Exmoor

Eine der landschaftlich schönsten Küsten- und Binnenregionen Englands befindet sich in der Grafschaft Devon. Im **Exmoor Nationalpark** mit dramatischen Klippen, weiten Hochmooren und Heideflächen, sattgrünen hügeligen Wiesen und verträumten Tälern gibt es ein großes Angebot von Aktivitäten für Wanderer und Reiter. Rotwild, Wildziegen, Adler, Bussarde und die seltenen Exmoor-Ponys können beobachtet werden, und an den Flüssen Exe, Barle und Oare wird nach Forellen und Lachsen geangelt. Es gibt mehrere Hundert Kilometer ausgewiesene Wanderwege, wobei die beeindruckendsten entlang der Küste auf dem **Somerset & Devon Coastal Path** zu finden sind.

Besonders das Dörfchen **Selworthy**, das ganz unter der Obhut des National Trust steht, wirkt wie aus dem Bilderbuch: Cottages mit tief heruntergezogenen Reetdächern, umgeben von Blumen und blühenden Sträuchern, drängen sich um die Dorfwiese, die fast ein Park zu sein scheint. In der Teestube des **Periwinkle Cottage** kann man sich beim *Devonshire cream tea* mit leckeren *scones* stärken.

Cornwall

Mit ihrer natürlichen Vielfalt ist die Grafschaft Cornwall ein Ferienparadies ersten Ranges: Über 500 km Küstenlandschaft zeugen vom jahrhundertelangen Kampf gegen das Meer; und die uralte, noch immer lebendige keltische Tradition, die vielen historischen Schlösser, Landsitze und Gärten bieten einc schier unerschöpfliche Zahl von vielfältigen Eindrücken. Zwischen einladenden Sandstreifen, jäh in die schäumende Brandung abfallenden Felsen, einsamen Buchten und berühmten Häfen erleben Sie den Zauber einer Gegend, in der Sie sich schnell zu Hause fühlen werden.

Falmouth

Falmouth, eine nette Hafenstadt und einer der beliebtesten Badeorte an der Südküste Cornwalls, besitzt neben mehreren weiten Sandstränden eine schöne Promenade, subtropische Parks und Gärten und einen attraktiven Jachthafen. Sehenswert sind **Pendennis Castle** und **St. Mawes Castle**, zwei dies- und jenseits des River Fowey erbaute Trutzburgen am Eingang der Bucht. Sie stammen aus dem 15. Jh. Planen Sie auch genügend Zeit für einen Besuch im hervorragenden **National Maritime Museum Cornwall** ein. In dem ansprechend gestalteten Bau wird in einem Dutzend interessanter, teilweise interaktiver Ausstellungen auf drei Ebenen die Seefahrttradition der Stadt vorgestellt.

Südlich von Falmouth liegen gleich zwei sehenswerte Gärten: zum einen der wunderhübsche **Trebah Garden**, eine 10 ha große, zum Meer verlaufende Klamm mit Teichen, Wasserfällen, Blütenpracht und üppig grünem Dschungelwuchs, und zum anderen der **Glendurgan Garden** an einem Hang über dem River Helford mit alten Bäumen und prächtigen Blumenarrangements. Interessant sind im Glendurgan auch die kleinen Einzelgärten wie der Holy Corner Garden mit seinen biblischen Pflanzen und Sträuchern sowie das Labyrinth aus Lorbeerhecken.

Mevagissey, Polperro und Fowey

Am Ärmelkanal ziehen bezaubernde Fischerdörfer die Reisenden an. In Mevagissey und Polperro sprenkeln hübsche Cottages die Landschaft. Das von der Zeit fast unberührte Charlestown ist bei Produzenten von historischen Filmen beliebt geworden. Im Mittelalter lebten die Einwohner des reizvollen Fowey von Beutezügen entlang der französischen Küste. Heute geht man im Hafenort nur noch legalen Beschäftigungen nach, vor allem dem Export von Porzellanerde (Kaolin), die um St. Austell gewonnen wird. Man verwendet sie bei der Herstellung von Papier, Kosmetika und natürlich von Porzellan. Die schönsten Fotos von Fowey schießt man von der Fähre nach Polruan aus.

Penzance, Land's End und St. Ives

Penzance ist die westlichste britische Stadt und zugleich einer der wärmsten Orte des Landes. Die Winter sind so mild, dass hier Tropenpflanzen gedeihen, und im Frühling breiten Felder von Osterglocken ihre gelben Teppiche über den zerklüfteten Buchten aus.

In der Mount's Bay ragt gegenüber von Penzance das Felseninselchen **St. Michael's Mount** aus dem Meer, gekrönt von einem Benediktinerkloster aus dem 12. Jh., das im 17. Jh. in einen Herrensitz verwandelt wurde.

istockphoto.com/Mckeow

Freie Sicht bis nach Amerika – vom äußersten Westzipfel Englands.

Diese englische Version des berühmteren Mont-Saint-Michel an der normannischen Küste erreicht man mit der Fähre von Marazion aus – und bei Ebbe zu Fuß.

Der äußerste Westzipfel Englands, **Land's End**, ist eine in den Atlantik vorkragende Felszunge. Von der Granitklippe blickt man über den endlos weiten Ozean; zwischen hier und Amerika liegt kein Land mehr außer den Scilly-Inseln, die bei klarem Wetter zu sehen sind. Einen ernüchternden Kontrast zur ungezähmten Natur bildet der Themenpark auf dem Gelände, der kornische Mythen und Geschichte mit allerlei Effekten nachzeichnet.

St. Ives an der Nordküste ist ein malerischer Fischereihafen und Urlaubsort, der viele Künstler angezogen hat. Die Londoner **Tate Gallery** hat hier eine Zweigstelle eröffnet; zu den umfangreichen Beständen moderner kornischer Kunst gehören auch Werke der

Speisekarte
Im Pub bekommen Sie rustikale Gerichte wie *ploughman's lunch* (Brot, Käse und Essigzwiebeln). Wer gern Fisch isst, probiert Seezunge *(Dover sole)*. In Cornwall gehörte die *cornish pasty* früher zu den Grundnahrungsmitteln, und noch heute sind die Teigtaschen mit Fleisch, Kartoffeln und Zwiebeln immer eine schmackhafte Zwischenmahlzeit. Beliebte Nachspeise ist *hot apple pie*, warmer Apfelkuchen mit Vanillesauce. Probieren Sie auch den leckeren Apfelwein *cider*.

istockphoto.com/Pritchett

Bildhauerin Barbara Hepworth (1903–75), deren Atelier heute ebenfalls ein Museum ist.

Tintagel und Bodmin Moor

An landschaftlicher Dramatik ist Tintagel, angeblich die Geburtsstätte von König Artus, wohl kaum zu überbieten. Allerdings erntet den Spott der Historiker, wer die Reste der Felsenburg mit dem sagenhaften weisen Herrscher verknüpft, der um 500 n. Chr. die eindringenden Sachsen bekämpfte (die Ruinen stammen nämlich aus dem 12. Jh.). Doch an Tagen, wo unter dräuendem Himmel die See unten an das Kliff brandet, schenkt man der Legende nur allzu gern Glauben.

Im **Bodmin Moor** in der Mitte der schmalen kornischen Halbinsel führt eine einzige Straße durch die wilde Landschaft; hier stößt man auf verschiedene Steinkreise aus vorgeschichtlicher Zeit. Das Moor ist Schauplatz von Daphne du Mauriers Roman *Jamaica Inn* (1931), und in dem Gasthof können Sie noch heute einkehren.

Scilly-Inseln

Auf der Hauptinsel **St. Mary's**, die aus zwei Hügeln besteht, liegt **Hugh Town**, Hauptort, Hafen und Geschäftszentrum für sämtliche Inseln. Beiderseits der Stadt erstrecken sich feine Sandstrände. Vom nördlichen überblickt man den Hafen, der südliche befindet sich in der geschützten Bucht von Porth Cressa. Zum Schutz vor Seeräubern wurde Hugh Town direkt unter den Kanonen der **Garrison**, der Festung auf dem kleineren der beiden Hügel, erbaut. Auf den Felsen sind noch alte Geschütze zu sehen. Das sternförmige **Star Castle** wurde 1593 von Sir Francis Godolphin errichtet. Heute ist es ein Hotel.

In Hugh Town empfiehlt sich der Besuch des **Isles of Scilly Museum**, wo Sie einen Überblick über die Geologie, Archäologie und Naturgeschichte von Scilly gewinnen und Schätze aus alten Wracks bewundern können.

Die Südhänge von St. Mary's zieren von Hecken gesäumte Osterglockenfelder. 16 km Küstenfußwege ermöglichen einen Inselrundgang entlang den Granitklippen zum wilden Kap **Peninnis** und weiter an zerklüfteten Landzungen und geschützten Buchten vorbei, die so malerische Namen wie *Big Jolly Rock* (großer heiterer Fels) und *Loaded Camel* (beladenes Kamel) tragen.

Auf dem Friedhof von **Old Town**, das vor dem Bau von Hugh Town Inselhauptort war, sind mehrere Hundert deutsche Passagiere begraben, die an Bord des gesunkenen Dampfers *Schiller* den Tod fanden. Zum Andenken

Felsen und Wracks. Die gefährlichen Küsten der Scilly-Inseln haben über 2000 Schiffshavarien verursacht. Die bekannteste Tragödie ereignete sich 1707, als die britische Flotte bei ihrer Rückkehr aus dem Mittelmeer ihren Kurs falsch berechnete und direkt in die westlichen Felsen steuerte. Vier Kriegsschiffe versanken mit insgesamt 1400 Mann an Bord, darunter auch der Kommandant Admiral Sir Cloudsley Shovel. Taucher fanden 1967 unweit der Gilstone-Riffe Überreste der Wracks.

Ein Volkslied erzählt, dass ein Matrose Sir Cloudsley auf seinen Fehler aufmerksam gemacht hatte, jedoch wegen dieser Frechheit gehängt wurde.

Sir Cloudsley wurde nach der Katastrophe in Porth Hellick an Land geschwemmt; Gerüchten zufolge soll er von einer Frau noch lebend aufgefunden, dann aber wegen seines prunkvollen Ringes ermordet worden sein. Diese Version ist ziemlich unwahrscheinlich. Der Ring wurde aber tatsächlich gestohlen, das bewies der Abdruck an Cloudsleys Finger, der bei seinem Begräbnis in der Westminster Abbey in London noch immer sichtbar war.

1840 kenterte ein französisches Schiff in einem Sturm nahe der Inseln und trieb drei Tage lang mit dem Rumpf nach oben auf See, bevor es in Porth Hellick strandete. Die verblüfften Inselbewohner hörten schwache Hilferufe, worauf sie den Rumpf aufschnitten und noch einige überlebende Seeleute vorfanden.

Im Jahr 1878 lief der deutsche Dampfer *Schiller* auf seiner Fahrt von New York nach Plymouth auf ein Riff und sank. Über 300 Passagiere und Besatzungsmitglieder fanden dabei den Tod.

an den unglücklichen Admiral Sir Cloudsley Shovel (siehe Kasten S. 29) wurde in **Porth Hellick** ein Denkmal errichtet.

Weitere Sehenswürdigkeiten sind die Reste eines steinzeitlichen Dorfes, alte Gräber und Befestigungsanlagen aus dem Bürgerkrieg. In der Mitte der Insel befindet sich die 1986 gegründete subtropische Gartenanlage **Carreg Dhu Community Garden**.

Tresco, die zweitgrößte Insel, ist ebenfalls für ihre subtropischen Gärten berühmt: Im Park der **Tresco Abbey** gedeihen Pflanzen aus der ganzen Welt – Fächer- und Yuccapalmen, Bananenstauden, Mimosen und Sukkulenten. Von der Abtei (12. Jh.) sind nur wenige Ruinen übrig geblieben.

An der Westküste, nördlich der Hauptanlegestelle New Grimsby, befinden sich das turmbewehrte **King Charles' Castle** (Mitte 17. Jh.), das die Royalisten während des Bürgerkriegs benutzten, und – ganz in der Nähe – das von den siegreichen »Rundköpfen« der Parlamentspartei erstellte **Cromwell's Castle** (Mitte 18. Jh.).

An der Nordküste führt eine Schlucht zu **Piper's Hole**, einer tiefen Höhle mit einem kleinen unterirdischen See; sie diente einst als Schmugglerversteck.

Die Insel **Bryher** liegt parallel zu Tresco und ist mit ihrem schönen Strand in Rushy Bay, ihrem Vogelschutzgebiet bei Great Pool, einer Robbenkolonie und den wilden Felsklippen von Hell Bay – wörtlich »Höllenbucht« – ein beliebter Ausflugsort. Sie ist die kleinste besiedelte Scilly-Insel und zählt nur rund 80 Einwohner.

Östlich von Tresco, auf **St. Martin's**, erwarten Sie ebenfalls lange weiße Sandstrände. Der Granitsand ist so fein, dass er (vor der Erfindung des Löschpapiers) zum Trocknen von Tinte gebraucht wurde.

Südwestlich von St. Mary's liegen **St. Agnes** – mit einem Leuchtturm aus dem 17. Jh. – und **Gugh**. Die beiden werden zu einer zusammenhängenden Insel, wenn die Ebbe die sie verbindende Sandbank freilegt. Dort sehen Sie von den **Wingletang Downs** (Dünen) aus die westlichsten Felsen von Scilly – die äußerste Spitze Großbritanniens.

Bristol

Der älteste Stadtteil liegt östlich des Centre zwischen dem Broad Quay und der Bristol Bridge. Das klassische Börsengebäude der **Exchange** an der Corn Street wurde von John Wood dem Älteren entworfen, der auch den Circus in Bath schuf. Davor stehen vier »The Nails« genannte Bronzesockel, die einst als Geldtische benutzt wurden.

Das **Theatre Royal** von 1766 an der King Street, eines der ältesten Theater Englands und Teil des

Theaterkomplexes Bristol Old Vic wurde im September 2012 nach längerer Renovierung wiedereröffnet. Zu den Absolventen der 1946 von Laurence Olivier gegründeten Theaterschule zählen so bekannte Schauspieler wie Jeremy Irons und Daniel Day-Lewis.

Der elegante **Queen Square** (1702) diente vielen Städten als architektonisches Vorbild, einschließlich der Rivalin Bath. Das älteste Pub der Stadt, das **Llandoger Trow** in einem Fachwerkhaus von 1669 in der King Street, taucht unter dem Namen Admiral Benbow in Robert Louis Stevensons Roman *Die Schatzinsel* (1883) auf. Außerdem soll Daniel Defoe hier den schottischen Seemann Alexander Selkirk getroffen haben, der ihn zu seinem berühmten Abenteuerroman *Robinson Crusoe* (1719) inspirierte.

Richtung Osten gelangt man über die Redcliffe Bridge zur Kirche **St. Mary Redcliffe** mit ihrem 89 m hohen Turm – nach den Worten von Queen Elisabeth I. die »schönste, beste und berühmteste Pfarrkirche des Reiches«. Beachten Sie das Nordportal mit den mittelalterlichen Skulpturen und im eleganten Innern die prächtigen Glasfenster, hohen Arkaden und das Netzgewölbe.

Die **Bristol Cathedral** auf einem niedrigen Hügel südwestlich des Centre wirkt auf den ersten Blick nicht sehr beeindruckend, beherbergt jedoch einige bemerkenswerte Kunstwerke wie das normannische Kapitelhaus aus dem 12. Jh., den prächtigen Chor (13./14. Jh.) oder das geschnitzte Orgelgehäuse.

Als die Schiffe größer wurden, musste der Avon ausgebaggert und der Hafen erweitert werden. Im 19. Jh. schuf man den **Floating Harbour**, der dank Schleusen bei Ebbe und Flut durchgehend benutzbar war. Doch die riesigen Frachter und Tanker des 20. Jh. konnten Bristol nicht mehr erreichen. Die Docks wurden nun in einem ehrgeizigen Sanierungsprogramm neu »herausgeputzt«.

Zwischen der Kathedrale und dem Floating Harbour wurde im Jahr 2000 am Millennium Square das Wissenschaftszentrum **At-Bristol** eröffnet, zu dem ein großes Museum mit über 300 interaktiven Ausstellungen gehört. Zu den Hauptattraktionen des Komplexes gehört auch das Planetarium in Form einer sphärischen, reflektierenden Kugel. Das benachbarte Aquarium besitzt ein großes, von einem gläsernen Tunnel durchquertes Becken mit Haien und Rifffischen.

Über die Swing Bridge gelangt man zum ehemaligen Bristol Industrial Museum am Prince's Wharf – nun zum neuen Museum **M Shed** umgebaut, das sich in hochmoderner Art der Stadtgeschichte widmet.

Der Star des **Maritime Heritage Centre** weiter flussabwärts ist Brunels *Great Britain*. Der 98 m lange, erste große Schraubendampfer war der Vorläufer aller modernen Schiffe. Hier, im Great Western Dock, wurde er 1843 von Prinz Albert getauft und fuhr viele Male nach Amerika und Australien. Nach einem Feuer auf hoher See verkaufte man das Schiff 1886 an die Falklandinseln. Dort wurde es 1937 auf Grund gesetzt und schließlich 1970 zur Restaurierung nach Bristol zurückgebracht und in seinem Heimatdock ausgestellt.

Nordwestlich des Stadtzentrums erstreckt sich **Clifton**, der wohlhabendste Vorort von Bristol, wo auch die **Universität** zu Hause ist. Ihr Wahrzeichen ist der von einem Tabakmagnaten finanzierte neugotische Wills Tower von 1925.

Im 18. Jh. zogen sich die erfolgreichen Handelsfamilien der Stadt in die saubere Luft auf den Anhöhen von **Clifton Village** zurück. Anwesen wie Windsor Terrace, Royal York Crescent und The Paragon sind Inbegriffe georgianischer Eleganz.

Westlich von Clifton hat der Avon eine tiefe Schlucht in die Sandsteinhügel gegraben. Brunel unterbreitete 1829 Pläne für eine Hängebrücke, die mit 275 m die längste der Welt werden sollte. Die Stadtbehörden verwarfen den Plan, genehmigten jedoch eine überarbeitete Version. 1836 begann man mit dem Bau; das Geld ging aus, und die Brücke wurde erst 1864 nach Brunels Tod vollendet. Die 76 m hohe **Clifton Suspension Bridge** hat im Lauf der Zeit einiges erlebt: Tollkühne Piloten flogen unter ihr hindurch, Seiltänzer balancierten über die Kabel und Geländer, und heute stürzen sich unerschrockene Bungee-Springer von hier in die Tiefe. Um Selbstmörder abzuhalten, wurde ein ständiger Wachposten eingerichtet.

Liverpool

Die einst zweitgrößte Stadt des Britischen Empires und dessen wichtigster Hochseehafen hat beides in gleichem Maße erlebt: Zeiten höchster Blüte und Zeiten tiefster Depression. Gegenüber von Irland, dem Atlantik und der Neuen Welt gelegen, war sie für Generationen von Auswanderern das letzte Stück Heimat, das diese sahen. Umgekehrt setzten hier während des 2. Weltkriegs 2 Millionen amerikanische GIs ihren Fuß erstmals auf europäischen Boden.

Den besten Blick auf Liverpools **Waterfront** hat man vom Schiff aus – eine Hafenrundfahrt lohnt sich. Am Pier Head, nahe der Fähranlegestelle, erhebt sich das **Royal Liver Building** mit zwei hohen Türmen, die je ein *Liver bird* krönt, der Wappenvogel Liverpools. Südlich schließen sich das Cunard und das Port Building an, es folgen Canning und Albert Dock.

Beim Canning Dock widmet sich das moderne, 2011 eröffnete **Museum of Liverpool** der Stadtgeschichte von der Steinzeit an über die industrielle Revolution bis in die Gegenwart.

Das **Albert Dock** aus der Mitte des 19. Jh. mit eleganten Backsteinarkaden und Gusssäulen ist ein Musterbeispiel der funktionellen Industrie-Architektur. In den 1970er-Jahren wurde es geschlossen und geriet in Vergessenheit, bis man sich auf seinen Wert besann. In den aufwendig sanierten einstigen Lagerhäusern sind nun Boutiquen, Restaurants, Galerien und Museen untergebracht. Der Westtrakt beherbergt die **Tate Gallery Liverpool**, eine Dependance der Londoner Galerie für internationale moderne und zeitgenössische Kunst.

The Beatles Story im Südteil des Albert Docks ehrt die vier berühmtesten Söhne der Stadt. Fans können an einem Rundgang teilnehmen, der zu Plätzen führt, wo die vier aufwuchsen, zur Schule gingen und später ihre Musik spielten.

An der Nordseite des Docks dokumentiert das **Merseyside Maritime Museum** die Geschichte des Hafens und des Schiffsbaus, u. a. mit etlichen Schiffsmodellen. Eine faszinierende Ausstellung befasst sich mit den Millionen von Auswanderern, die von hier in die Neue Welt aufbrachen. Schockierend ist der Bereich, der das dunkle Kapitel des Sklavenhandels belegt. Ohne Beschönigungen erzählt er von den im 18. und beginnenden 19. Jh. zu Millionen verschleppten Schwarzafrikanern – oft auf Schiffen ehrwürdiger Liverpooler Bürger.

Vom Pier Head führt die Water Street ins viktorianische Stadtzentrum mit mehreren beeindruckenden Profanbauten. Die riesige neuklassizistische **St. George's Hall** (1838–54) schmückt sich außen mit einer Reihe korinthischer Säulen; im Innern sind die Statuen von lokalen Honoratioren zu sehen. Früher tagte hier der Kronrat und es fanden Konzerte statt; die mächtige Orgel kommt auch heute noch zum Einsatz.

Die **Walker Art Gallery** gegenüber besitzt eine der schönsten Samm-

flickr.com/Taylor

***Yesterday*... In Liverpool dreht sich vieles um die berühmte Band.**

lungen Englands mit Werken italienischer, flämischer und niederländischer Meister, unter ihnen Rubens und Rembrandt. Herausragend ist die englische Abteilung mit Gainsborough, Stubbs sowie die Präraffaeliten des 19. Jh. und ihre Nachfolger.

Das älteste erhaltene Gebäude der Stadt – die **Bluecoat Chambers** im Stadtzentrum (School Lane) – wurde 1716 als Armenschule errichtet. Nach seiner Restaurierung eröffnete es 2008 als Kunst- und Kulturzentrum.

Die zwei Kathedralen, die Liverpools Stadtbild prägen, entstanden erst im 20. Jh. Die neugotische **Anglikanische Kathedrale** (Liverpool Cathedral, 1904–78) südwestlich der Hope Street ist die größte Kirche Englands; ihr Architekt ist Sir Giles Gilbert Scott, der Erfinder der roten Telefonhäuschen. Das Innere schmücken Steinmetzarbeiten, Holzschnitzereien und Bleiglasfenster. Vom 101 m hohen Turm hat man eine fantastische Sicht. Ein anderer Stil prägt die römisch-katholische **Metropolitan Cathedral** am nördlichen Ende der Hope Street. Den Rundbau deckt ein zeltähnliches Dach aus Glas und Stahl, auf dessen Spitze ein zylindrischer, von Metallpfeilern umgebener Turm sitzt.

Die **Hope Street** zwischen den beiden Kathedralen erlebte jüngst eine Verjüngungskur und ist gesäumt von trendigen Gaststätten, Bars und Hotels.

Der herrschaftliche Herrensitz **Speke Hall** (1530), noch weiter südlich in der Nähe des Flughafens, ist ein hervorragendes Beispiel für die Fachwerkarchitektur in der Zeit der Tudor-Dynastie. Im Innern beeindruckt der Große Saal mit einer überschwänglich verzierten Decke und einem gewaltigen Kamin; von den hübschen Gartenanlagen genießt man den Blick über den Mersey.

Jenseits des Mersey

In **Birkenhead** am Westufer des Mersey sind in den Docks einige historische Schiffe zu sehen, wie das deutsche U-Boot U-534, das im 2. Weltkrieg sank und erst 50 Jahre später gehoben wurde.

Port Sunlight wurde 1889 von William Lever für die Arbeiter seiner Seifenfabrik gegründet. Mehrere namhafte Architekten schufen die Siedlung im viktorianischen Stil mit Elementen traditioneller englischer Bauweisen. In der **Lady Lever Art Gallery** ist die Kunstsammlung untergebracht, die die Familie der Öffentlichkeit hinterließ. Sie umfasst Werke englischer Maler, Stilmöbel, Porzellan, Jugendstilarbeiten und sogar Napoleon-Memorabilien.

Lake District

Über 2172 km² erstreckt sich diese atemberaubende Seen- und

Berglandschaft in der nordwestlichen Grafschaft Cumbria.

Kendal nahe der M6 bezeichnet sich als Tor zu den Seen. Im 16. Jh. wurde die Stadt von der Familie Parr beherrscht, aus der Catherine Parr kam, die letzte der sechs Ehefrauen Heinrichs VIII. Die Privatkapelle der Familie befindet sich in der alten Gemeindekirche. Das verfallene Schloss, Kendal Castle, auf der anderen Seite des Kent-Flusses, war einst im Besitz der Parrs.

Im Ort gibt es mehrere **Museen**. Das Kendal Museum zeigt naturgeschichtliche und archäologische Funde, nicht nur aus der Region. In der Abbot Hall Art Gallery sind Bilder des Porträtmalers George Romney (1734–1802), und Gemälde von Constable, Turner und Ruskin zu sehen. In den ehemaligen Ställen nebenan zeigt das Museum of Lakeland Life das Bauernleben vom 17. bis 19. Jh.

Mit 16 km Länge ist **Windermere** Englands größter See und gleichzeitig wohl der beliebteste der Gegend. Die Eisenbahn fuhr bereits 1847 hierher und ist seitdem kaum weiter in den Lake District vorgedrungen. **Windermere** und **Bowness**, die am östlichen Ufer nahe beieinander liegen, haben sich in der Folge in Ferienorte verwandelt.

Machen Sie vom Bowness Pier aus eine Rundfahrt auf dem See oder steigen Sie in Lakeside aus, um den kleinen Ausflug mit einem Dampfzug der Lakeside and Haverthwaite Railway fortzusetzen. Mehr Energie braucht es, um den **Orrest Head**, der sich über Windermere erhebt, zu besteigen. Aber die Mühe lohnt sich wegen der Aussicht auf den See.

Viele Besucher machen einen Abstecher nach **Hill Top** am westlichen Ufer bei Near Sawrey. Beatrix Potter (1866–1943) kaufte das hübsche Bauernhaus von dem Honorar für ihre *Peter-Hase*-Bücher, und es spielt in vielen ihrer Geschichten eine Rolle. Sie hinterließ das Anwesen dem National Trust unter der Bedingung, keine Veränderungen daran vorzunehmen.

Nördlich davon liegt **Hawkshead** mit seinen weiß getünchten Steinhäuschen aus dem 17. Jh. und kopfsteingepflasterten Gassen. Bekannt ist Hawkshead für seine Verbindung zu dem Dichter Wordsworth, der hier zur Schule ging. Dieses Gebäude aus dem Jahr 1585 ist heute ein kleines Museum.

Die Stadt **Coniston** am nördlichen Ende des Sees Coniston Water wird vom 801 m hohen Old Man of Coniston bewacht. Die Hügel ringsum sind von den Stollen eines Kupferbergwerks durchzogen, das schon zu römischer Zeit betrieben wurde. Mehr über die Geschichte von Bergbau und Landwirtschaft erfahren Sie im Ruskin Museum. Eine Abteilung ist dem einflussreichen viktorianischen Schriftsteller und Kunstkritiker John Ruskin selbst gewidmet, der sich 1872 in Coniston niederließ.

Einige Kilometer nördlich gelangen Sie nach **Grasmere**. William Wordsworth verbrachte die letzten 37 Jahre seines Lebens in Rydal Mount, wo sein Studierzimmer unter dem Dach und der von ihm entworfene, blühende Park besichtigt werden können. Seine besten Gedichte entstanden jedoch schon früher, im nahe gelegenen Dove Cottage. Hier lebte er 1799–1808 mit seiner Frau und seiner Schwester. Das Häuschen gibt Einblick in den Alltag des Dichters.

Von hier ist es nicht weit bis nach **Keswick**, einem beliebten Ausgangspunkt für Ausflüge in den nördlichen Lake District. Die Stadt am Ufer des Lake Derwent wird vom Mount Skiddaw überragt. Einst war Keswick berühmt für seine Grafitgruben und bahnbrechend bei der Entwicklung des Bleistifts, dessen Geschichte im Cumberland Pencil Museum erzählt wird. Nur wenig außerhalb der Stadt befindet sich der **Castlerigg Stone Circle**, ein Kreis aus 38 vulkanischen Steinblöcken, die hier schon seit über 5000 Jahren stehen und das Geheimnis ihrer Errichtung bis heute nicht preisgegeben haben.

Östlich von Keswick liegt der **Ullswater-See**, der wegen seiner gewundenen Form und der umliegenden großartigen Bergwelt ein beliebtes Ziel ist. Die Wälder bei **Gowbarrow Park** am südöstlichen Ende des Sees sollten Sie zur Frühlingszeit besuchen, wenn die Narzissen blühen. Nicht weit von hier stürzt der **Aira Force** (*force* ist das alte Wikingerwort für Wasserfall) über 20 m in die Tiefe.

Möchten Sie eine völlig andere Landschaft kennenlernen, sollten Sie Richtung Westen an die **Cumbrian Coast** fahren. An dieser Küste, die sich 96 km entlang der kalten Irischen See zieht, gibt es viele alte Handelshäfen, einsame Strände und Wanderwege. Vom Dorf **St. Bees** kann man zu den beeindruckenden Sandsteinklippen am St. Bees Head wandern – ein Paradies für Ornithologen.

Whitehaven weiter nördlich ist eine der wenigen englischen Städte mit schachbrettartigem Grundriss. Dank seiner guten Lage stieg Whitehaven Mitte des 18. Jh. zum drittgrößten Hafen Englands auf. Obwohl die Stadt auch von Sklavenschiffen angelaufen wurde, kam sie hauptsächlich durch den Kohle-Export zu Reichtum. Die Geschichte des Bergbaus wird im Haig Colliery Mining Museum etwas südlich der Stadt dokumentiert. Um mehr über die allgemeine Stadtgeschichte herauszufinden, sollten Sie The Beacon besuchen, ein ausgezeichnetes interaktives Museum am Hafen. Im Zuge der Sanierung des Hafenviertels wurde in einem ehemaligen Rumlager (1785) ein interessantes Museum errichtet – The Rum Story.

Newcastle

Eines der auffälligsten Merkmale von Newcastle sind die mächtigen **Brücken** über den Tyne. Die Swing Bridge, die zur Zeit ihrer Erbauung (1876) als technisches Meisterwerk galt, überspannt den Fluss an genau der Stelle, wo sich einst die Römerbrücke *(Pons Aelius)* befand.

Die doppelstöckige High Level Bridge ging als erste Straßen- und Bahnbrücke der Welt in die Geschichte ein.

Die eleganteste von allen – und ein Wahrzeichen der Stadt – ist die **Tyne Bridge** mit ihrem großen Brückenbogen. Die jüngste im Bunde, **Millennium Bridge** genannt und Fußgängern und Radfahrern vorbehalten, kann wie ein Augenlid aufgeklappt werden, um Schiffe durchfahren zu lassen. Sie verbindet Newcastle mit der restaurierten Baltic Flour Mill in Gateshead – heute eines der größten internationalen Zentren für zeitgenössische bildende Kunst außerhalb Londons.

Unweit der Tyne Bridge liegt das historische Viertel **Quayside**, in dem Kaufmannshäuser aus dem 16. und 17. Jh. neben Bauten im georgianischen und viktorianischen Stil stehen. Schön restauriert ist das **Bessie Surtees' House**, das eigentlich aus zwei Häusern besteht; eines davon hat eine jakobinische Fachwerkfassade. Der Name geht auf eine schöne Bankierstochter zurück, die im 18. Jh. hier lebte. Als sie sich in John Scott, einen jungen Mann aus ärmlichen Verhältnissen, verliebte, wollte die Familie die Liaison auflösen. Bessie floh durch ein Fenster und brannte mit ihrem Geliebten durch. Später machte John Scott Karriere als Anwalt, erhielt den Titel Earl of Eldon und war schließlich sogar Lord Chancellor of Great Britain.

Die im 14.–15. Jh. erbaute **St. Nicholas's Cathedral** ist zwar klein, aber dank der Spenden reicher Kaufleute innen prächtig geschmückt. Eine Besonderheit ist der 63 m hohe Laternenturm, den eine zinnenbewehrte »Scottish Crown« krönt. In Großbritannien gibt es nur vier Türme dieser Art – jener von St. Nicholas ist der älteste und schönste.

Über der Altstadt thront der **Castle Keep** (Wehrturm), dem Newcastle (»neue Burg«) seinen Namen verdankt. Zwei königliche Suiten, das Garnisonszimmer und die spätnormannische Kapelle können besichtigt werden. Eine Wendeltreppe führt nach oben, wo sich ein schöner Rundblick auf die Stadt, das Viertel Quayside und die Tyne-Brücken bietet.

Im Mittelalter war Newcastle außerdem durch eine mächtige, mit Türmen bestückte Ringmauer geschützt. Am besten erhalten ist der Abschnitt parallel zur Stowell Street (Chinatown), in der Nähe des Blackfriars-Klosters aus dem 13. Jh.

Einen guten Blick auf die Stadt hat man auch von der Aussichtsplattform auf dem **Earl Grey's Monument**. Das Denkmal wurde zu Ehren des zweiten Earl Grey errichtet, der 1832 als Premierminister die *Great Reform Bill* durchsetzte. Dieses Reformgesetz bewirkte eine Umverteilung der Parlamentssitze zugunsten von Industriezentren wie Newcastle.

Das 2009 neu eröffnete **Great North Museum: Hancock** vereint mehrere prominente Sammlungen unter einem Dach, darunter jene des früheren Museum of Antiquities mit einem interaktiven Modell des Hadrian's Wall. Seit April 2012 hat Hancock außerdem ein Planetarium.

Hadrian's Wall

Dieses faszinierende Festungswerk aus römischer Zeit zieht sich von Newcastle quer durch Englands Norden bis nach Carlisle. Kaiser Hadrian gab den Bau des Walls 122 n. Chr. in Auftrag, als ihm klar wurde, dass es unmöglich war, die kriegerischen Skoten und Pikten zu unterwerfen. Einer angreifenden Armee hätte die Wehrmauer nicht Einhalt gebieten können, doch ermöglichte sie immerhin, das Anrücken von Fahrzeugen und Tieren zu überwachen und Überfälle im Grenzgebiet abzuwehren.

Der Hadrian's Wall schlängelte sich auf einer Strecke von rund 118 km durch das Land. Ursprünglich war der aus Steinen und Erde bestehende Wall etwa 6 m hoch; davor erstreckte sich ein tiefer Graben.

Einige Überbleibsel des Bauwerks erreichen noch heute 4 m Höhe. An mehreren Stellen sind die Reste von Forts, Zolldurchgängen und Türmen zu sehen, neben den Ruinen von Bade- und Krankenhäusern, Tempeln und Latrinen.

Wer etwas Ausdauer hat, nimmt sich den spektakulärsten Abschnitt des Walls vor: das 20 km lange Stück zwischen Sewingshields und Greenhead, dessen am besten erhaltener Teil sich in Housesteads befindet.

Der Nationalpark Northumberland unterhält im Dorf Once/Twice Brewed ein dem Hadrian's Wall gewidmetes **Besucherzentrum**. An einigen Ausgrabungsstätten gibt es Museen mit Fundgegenständen.

PRAKTISCHE HINWEISE

Besucherpass London. Mit dem *London Pass* (für 1, 2, 3 oder 6 Tage erhältlich) haben Sie freien Eintritt zu 60 Sehenswürdigkeiten; dazu kommen mehr als 30 zusätzliche Sonderangebote. Wer zusammen mit dem *London Pass* auch die Londoner *Travel Card* kauft, kann außerdem die öffentlichen Verkehrsmittel unbegrenzt nutzen.

Geld. 1 *pound sterling* (£) = 100 *pence* (p). Münzen: 1p bis £2, Scheine: £5 bis £50. Kreditkarten werden fast überall angenommen.

Klima. England hat ein überwiegend gemäßigtes Klima. Dank dem Golfstrom, der den Süden Großbritanniens umspült, gefriert es im Winter kaum, und schon im März beginnt in den Gärten die Blütenpracht. Im August und September können die sonst so saftig grünen Wiesen sogar braun und trocken sein. Dennoch bedingt das maritime Klima auch rasche Wetterumschwünge, sodass es immer gut ist, Regenkleidung und Schirm zur Hand zu haben.

Öffnungszeiten. *Geschäfte*: Im Allgemeinen Montag bis Samstag 9 oder 10–18 oder 19 Uhr; donnerstags Abendverkauf bis 20 Uhr. Viele sind auch sonntags 12–18 Uhr geöffnet. Supermärkte sind abends meistens auch nach 20 Uhr noch offen. *Postämter*: Montag bis Freitag 9–17.30 oder 18 Uhr, Samstag 9–12.30 Uhr. *Pubs*: Seit der Aufhebung der Sperrstunde um 23 Uhr darf in den Pubs auch später ausgeschenkt werden, jedoch nur in Lokalen mit entsprechender Lizenz.

Rauchen. Es gilt ein umfassendes Rauchverbot für alle öffentlichen Räume; dazu gehören Pubs, Clubs und Restaurants.

Stromspannung. Die Netzspannung beträgt 240 Volt Wechselstrom, 50 Hz. Die Stecker haben drei abgeflachte Stifte; für »kontinentale« Geräte benötigen Sie deshalb einen Adapter.

Trinkgeld. Ein *tip* (Trinkgeld) ist in England üblich. In den Restaurants gibt man 10%, wenn die Bedienung nicht bereits im Rechnungsbetrag inbegriffen ist. in Pubs legt man nur etwas dazu, wenn am Tisch bedient wird. Taxifahrer und Friseure erwarten mindestens 10%. In öffentlichen Toiletten gibt man 10 p, dem Kofferträger 1£ und dem Zimmerpersonal im Hotel etwa 1£ pro Tag.

Zeit. Es gilt die *Greenwich Mean Time* (GMT), die der Mitteleuropäischen Zeit (MEZ) eine Stunde voraus ist. Die Zeit wird in a.m. (ante meridiem) und p.m. (post meridiem) angegeben (12 Uhr mittags = 12 a.m., 24 Uhr = 12 p.m.).

Sanfter Aufwind

INHALT

Kanalinseln

Extras

Stadtpläne

Exil auf Guernsey

Traditionelle Bauweise

Üppige Blumenpracht

KANALINSELN

Wärmer und sonniger als das britische Mutterland, von einer sanften Brise umweht, besitzen die Kanalinseln reizvolle Küsten, wo Klippen mit herrlichen Stränden abwechseln. Frankreich liegt nur 14 km entfernt, England dagegen jenseits des Horizonts. Doch das Leben ist so britisch wie Kricket, Roastbeef und warmes Bier.

Jersey

Die größte Kanalinsel neigt sich sanft von Norden nach Süden, was ihr lange Sonnentage beschert. Zum milden Klima tragen der nahe Golfstrom und die vorherrschenden Südwestwinde bei. Auf einer Fläche von 116 km² besitzt Jersey eine beeindruckende landschaftliche Vielfalt. Das Inselinnere ist ein Irrgarten von schmalen Straßen, gesäumt von Wildblumenhecken und hohen Granitwällen. Dahinter erspäht man alte, stattliche Landsitze und üppige Weiden, auf denen Jersey-Kühe grasen, die »Lieferanten« der berühmten dicken Sahne und der dottergelben Butter. Die Küste wartet mit zerklüfteten Felsklippen und 32 km hervorragenden, ruhigen Stränden auf.

St. Helier

Die Inselhauptstadt St. Helier zeigt sich bei Flut, wenn das Meer den felsigen Grund bedeckt, von ihrer schönsten Seite. Der Hafen wird seit dem Ende des 16. Jh. vom **Elizabeth Castle** bewacht, das bei Ebbe nur wenige Gehminuten vom Ufer entfernt liegt. Königin Elizabeth I. ließ das Fort nach den neuesten Erkenntnissen der Festungsarchitektur erbauen; und zur Zeit des englischen Bürgerkriegs fanden hier die späteren Könige Karl II. und Jakob II. Zuflucht. Im 2. Weltkrieg erweiterten die Deutschen die Anlage um gut getarnte Bunker und Artilleriestellungen.

Ein Wellenbrecher verbindet die Burg mit **Hermitage Rock**, wo Helier, Jerseys Schutzheiliger, lebte und 555 von Piraten ermordet wurde. Um sein Steinbett wurde im 12. Jh. eine Kapelle errichtet. Über dem Hafen ragt **Fort Regent** aus dem 19. Jh. auf.

Das aufschlussreiche **Jersey Museum and Art Gallery** an der Pier Road wurde in einem stattlichen Lagerhaus des 18. Jh. eingerichtet. Es stellt alte und zeitgenössische Werke aus, darunter das berühmte, von Sir John Millais gemalte Porträt der Schauspielerin Lillie Langtry; »Jersey Lily« schockierte mit ihrem skandalösen Leben das England Edwards VII.

St. Heliers **Parish Church**, die Pfarrkirche aus dem 14. Jh., hat im Laufe der Zeit nicht nur als Gotteshaus gedient, sondern auch als Versammlungsort, Waren- und Waffenlager und Zufluchtstätte für Kriminelle.

Der **Royal Square** östlich davon hat ebenfalls so manchen Sturm der Geschichte erlebt. Gefangene wurden hier öffentlich ausgepeitscht und an den Pranger gestellt, Hexen verbrannt. Da, wo heute Kastanienbäume Schatten spenden, verlor 1781 eine französische Invasionstruppe ihre letzte Schlacht um die Herrschaft über die Inseln. Das goldglänzende Standbild Georges II., als römischer Kaiser gekleidet, wurde zum Dank für eine königliche Spende aufgestellt.

Einkaufstipps

Die fehlende Mehrwertsteuer und niedrige Zölle animieren Besucher, mit vollen Einkaufstaschen zurückzukehren. Ein originelles Souvenir sind die Briefmarken der Inseln. Mit Jersey- und Guernsey-Pullovern machen Sie sich und anderen eine Freude. Lavendelfarmen verkaufen kosmetische Produkte, Blumenzuchtbetriebe den Samen ihrer Pflanzen.

Rund um die Insel

Jersey ist in zwölf Gemeinden aufgeteilt, und alle haben Zugang zum Meer. **Dolmen** und **Menhire** aus vorgeschichtlicher Zeit besichtigt man am besten in St. Saviour, Grouville und St. Clement. Das von einem Hügel bedeckte **La Hogue Bie** in Grouville gilt als eines der schönsten jungsteinzeitlichen Ganggräber in Europa. Oberhalb des malerischen Hafenortes **Gorey** thront mit **Mont Orgueil** Jerseys älteste Burg.

Die ganze Nordküste besteht aus blumenbewachsenen Klippen. Ein Naturwunder ist das **Devil's Hole** in der Gemeinde St. Mary: Beim Einlaufen der Flut schießt das Meer durch das riesige »Teufelsloch« bis zu den Besuchern herauf. Am **Grosnez Point**, der äußersten Nordwestspitze der Insel, fasziniert Jersey den Besucher mit einer Steilküste und herrlichen Ausblicken auf Sark und Guernsey.

Über 6 km säumen Brandung und Sand die Westküste entlang der **St. Ouen's Bay**. Am Leuchtturm oben auf dem **Corbière Point**, Jerseys südwestlicher Spitze, endet der Strand.

Nicht weit von Jerseys Flughafen St. Peter entfernt liegen die

Gestricktes. Man muss nicht von den Kanalinseln stammen, um einen »Jersey« von einem »Guernsey« unterscheiden zu können: Jersey-Pullover sind in verschiedenen Farben – oft mit einem einheitlichen Muster – gehalten; die aus Guernsey dagegen sind marineblau, dicker und ohne Seitennähte. Frauen stricken seit Jahrhunderten diese warmen Pullover für ihre Männer auf See.

Jersey War Tunnels – eine der bedeutendsten Militäranlagen des 2. Weltkriegs auf den Kanalinseln. Gefangene und Zwangsarbeiter mussten das ganze Netz aus Tunneln, in denen sogar Tanks fahren konnten, unter schlimmsten Bedingungen aus dem Fels hauen.

Herm

Das nur 2 km² große Eiland lädt zu friedlichen Wanderungen ein, da nicht nur Kraftfahrzeuge, sondern sogar Fahrräder verboten sind. Und weil zudem die Benutzung von Radios in der Öffentlichkeit untersagt ist, verspricht ein Besuch auf Herm Ruhe pur.

Den Mittelpunkt der Insel bildet **Le Manoir**, ein Herrenhaus, in dem der *tenant* (Pächter bzw. Pächterin) lebt, der wie ein Lehnsherr die Geschicke der ca. 60 Einwohner Herms lenkt. Ihm gehören alle Kühe, das Hotel und das Pub. Zu den Überraschungen des Dorfs zählen ein Kraftwerk, eine Schule und eine kleine **Kapelle** aus dem 11. Jh.

Von Point Sauzebourge aus, Herms südlichstem Punkt, erspäht man das kleine **Jethou**, einen 18 ha großen, privaten Grundbesitz. Es heißt, die beiden Inseln seien bis zu einem verheerenden Sturm im 8. Jh. miteinander verbunden gewesen.

Guernsey

Guernsey, die westlichste Kanalinsel, hat sich ihre natürliche Schönheit sorgfältig bewahrt; die zerklüftete Küste mit sandigen Stränden und kleinen Buchten blieb nahezu unberührt. Zum vielfältigen Inselbild gehören auch trutzige Türme und mediterrane Gärten, versteckte Täler und viele Herden goldener Guernsey-Rinder. Die Insel ist seit je ein Hort der Hexerei und des Aberglaubens. Manche Häuser haben noch sogenannte Hexensitze – Kaminvorsprünge in Form großer, flacher Steine.

Lebendig ist nach wie vor das normannisch-französische Erbe, sei es in vielen Ortsnamen oder auch im Brauch *Clameur de Haro*, bei dem sich jeder, der Grund zur Klage hat, in Anwesenheit von zwei Zeugen öffentlich Gehör verschaffen kann.

St. Peter Port

Ein mediterraner Hauch erfüllt St. Peter Port, die Hauptstadt des Selbstverwaltungsgebiets Guernsey. Vom Hafen mit seinen Jachten, Fähren und Fischerbooten ziehen sich die Häuser stufenförmig einen Hügel hinauf.

Den Hafen beherrscht die **Town Church** (12. Jh.) aus Granit, die oft als »Kathedrale der Inseln« bezeichnet wird. Draußen im Wasser liegt, heute durch einen Pier mit dem Festland verbunden, das **Castle Cornet** auf einer Felsinsel. Die seit dem 13. Jh. immer wieder um- und ausgebaute Burg war dreimal von den Franzosen besetzt. Während des englischen Bürgerkriegs wurde hier der königstreue Vizegouverneur von Cromwell-Anhängern acht Jahre lang belagert. Im 2. Weltkrieg hielten die Deutschen die Festung, heute sind hier Museen.

High Street, die Hauptgeschäftsstraße, beginnt auf der Höhe der Town Church. Auf dem **Guernsey Traditional Market** gibt es hausgemachtes Backwerk und Handarbeiten zu kaufen. Für Guernsey-Briefmarken begibt man sich ins **Post Office** in der Smith Street.

Durch die Straßen der Altstadt erreichen Sie ein Gebäude, an dem noch heute die französische Trikolore flattert. Im **Hauteville House** lebte 1855–70 der vor Napoleon III. geflohene Victor Hugo, der hier außer *Les Misérables* auch das Werk *Die Arbeiter des Meeres* verfasste, das er dem Volk Guernseys widmete. Das Haus ist im Innern so erhalten, wie es der Dichter und seine Familie hinterlassen haben.

Dichter im Exil. Der französische Dichter Victor Hugo, der seiner linksgerichteten Ideen wegen nach der Gründung des Zweiten Kaiserreichs aus Frankreich fliehen musste, lebte 1855–1870 auf Guernsey im Exil. Sein Haus im hügeligen Süden von St. Peter Port (in der Straße Hauteville 38) heißt heute Hauteville House oder Maison Victor Hugo und gehört der Stadt Paris. Die Inneneinrichtung entwarf der Schriftsteller selbst, und sein Monogramm VH findet sich auf Kaminen, Fensterläden, Treppen und Stoffen. Im obersten Stockwerk – rundherum verglast und deshalb mit einmaligem Blick auf Hafen und Meer – schrieb er jeden Morgen 20 Seiten an *Les Misérables* (»Die Elenden«) und später *Les Travailleurs de la Mer* (»Die Arbeiter des Meeres«), das er der Insel und ihren Bewohnern widmete. Seine Geliebte, Juliette Drouet, die ihm 50 Jahre lang überallhin folgte, wohnte ein paar Häuser entfernt in Nr. 20. Sie schickte ihm zweimal täglich einen Brief und war ansonsten mit der Abschrift seiner Manuskripte beschäftigt.

Einen wundervollen Blick auf Stadt und Meer bieten die **Candie Gardens**. Dieser Park umgibt das **Guernsey Museum and Art Gallery**. Lassen Sie sich nicht die Abteilung zur Hexerei entgehen.

Rund um die Insel

An der Südküste ziehen sich 16 km Klippen und einige geschützte, sonnige **Strände** entlang, wie etwa Petit Port, Moulin Huet, Petit Bôt und Portelet.

Den Sandstrand der **Rocquaine Bay** an der Westküste überragt das **Fort Grey** aus dem Jahre 1804; heute ist es ein Schifffahrtsmuseum. **Fort Saumarez** war einst ein Martello-Turm – ein rundes Küstenfort – bis ihm die Deutschen im 2. Weltkrieg einen vierstöckigen Beobachtungsposten aufsetzten. Archäologiefreunde zieht es zu einem 4000 Jahre alten Ganggrab in der Nähe, **Le Creux ès Faies** (»Feengrotte«). Und bei Ebbe ist über einen Damm von der Landzunge L'Érée aus **Lihou Island** mit den Ruinen eines Benediktiner-Priorats zu erreichen.

St. Sampson, die zweitgrößte Stadt Guernseys, liegt nördlich von St. Peter Port und war im 19. Jh. ein Zentrum des Granitabbaus. **Vale Castle** heißt die mittelalterliche Burg auf einem Granithügel nördlich des Ortes.

Richtung St. Peter Port glitzern unzählige **Gewächshäuser** in der Sonne. Zur Zeit Königin Victorias reiften dort Trauben, in den 1860er-Jahren pflanzte man zusätzlich Tomaten an. Heute werden in den Treibhäusern statt der »Guernsey Toms« Blumen, vor allem Freesien, gezogen.

Alderney

Das nur 15 km^2 große Alderney kann man an einem Tag gut zu Fuß umrunden und dabei von der Steilküste und den Stränden aus großartige Blicke auf das Meer genießen – bis hinüber zum nur 14 km entfernten französischen Festland. Dreizehn Festungsanlagen aus dem 16. bis 19. Jh. sind zu bestaunen, dazu kommen die Bunker aus der Zeit der deutschen Besatzung. Die Insel ist voller Erinnerungen an Kriege und Schiffsunglücke, doch die Natur überdeckt alles mit einer sanftgrünen Decke.

Die 2000 Inselbewohner leben vorwiegend vom Tourismus; nur wenige Bauern versorgen die Inselmolkerei mit Milch. Alderney besitzt ein eigenes Parlament.

Streifzüge über die Insel

Nach Norden hin öffnet sich **Braye Harbour**, Alderneys Fischer-, Fracht- und Jachthafen. Der Ort Braye an der größten Bucht der Insel war bis Mitte des 19. Jh. ein Schmugglernest. Dann beschloss die Royal Navy, hier eine riesige Mole und mehrere Forts zu bauen. Millionen Tonnen Granit für Wellenbrecher und die 1 km lange Mole wurden aus dem Inselinnern mit der eigens dafür angelegten **Alderney Railway** herangeschafft, die heute als einzige auf den Kanalinseln verbliebene Eisenbahn zum Vergnügen der Touristen rollt.

In der Inselmitte liegt der ruhige Hauptort **St. Anne** mit seinen in leuchtenden Farben gestrichenen Steinhäusern. Er beherbergt in der High Street das **Alderney Museum**, das sich mit der Inselgeschichte samt den schlimmsten Schiffskatastrophen befasst. Das im 2. Weltkrieg erweiterte, viktorianische **Fort Albert** liegt oberhalb der Bucht; Besucher haben von hier einen schönen Rundblick.

Speisekarte

Die zwischen Frankreichs feiner und Englands rustikaler angesiedelte Küche der Kanalinseln wird jedem Gaumen gerecht. An erster Stelle stehen Fisch und Meeresfrüchte auf der Speisekarte. Eine Spezialität sind die Frühkartoffeln aus Jersey, die, mit der Pelle, vorzugsweise mit Butter und Minze oder Petersilie genossen werden. Ebenso nahrhaft wie lecker ist die Milch, und eine Portion dicker gelber Sahne gehört zu jedem frischen Fruchtsalat. Neben dem Import von Käse aus Frankreich gibt es auch eine inseleigene Käseproduktion. Das preiswerte Bier vom Fass hat auf den Kanalinseln den traditionellen Cider, den Apfelwein, auf der Beliebtheitsskala überholt.

Sark

Interessant an der Insel ist die Tatsache, dass Sark (das nur rund 700 Einwohner zählt) bis vor Kurzem der letzte Feudalstaat Europas war und seit dem 16. Jh. von *Seigneurs* (Herren) regiert wurde, welche die Insel als Dauerlehen von der englischen Krone erhielten. Der Lehnsherr, dessen Wort Rechtskraft hatte, setzte 40 *tenants* (Pächter) ein, von denen jeder zur Verteidigung einen starken Mann mit Gewehr bereitstellen musste. Seit 2008 ist man dabei, dieses Feudalsystem allmählich in eine Demokratie umzuwandeln und die Macht des Seigneurs einzuschränken.

Sarks Herrschersitz **La Seigneurie** (ab 1730) ist ein seltsames Bauwerk mit sechzehn Treppenfluchten. Von hier aus führte während der Besatzungszeit die Herrin von Sark ihren Kleinkrieg gegen die deutsche Obrigkeit.

Außer Traktoren sind alle Fahrzeuge von Sark verbannt worden. Aufregend ist der Übergang – ein Felsgrat – von Great Sark nach Little Sark. Deutsche Kriegsgefangene bauten die Brücke zu einem schmalen Fahrdamm aus; zu beiden Seiten blickt man 90 m in die Tiefe.

PRAKTISCHE HINWEISE

Besucherpass. Der *Jersey Pass* – 2 bis 6 Tage gültig – gewährt kostenlosen Eintritt zu 17 Museen und Sehenswürdigkeiten der Insel Jersey.

Einreise. EU-Bürger und Schweizer benötigen einen gültigen Personalausweis (Identitätskarte) oder einen Reisepass.

Fremdenverkehrsamt. Dasjenige von Jersey befindet sich am Liberation Place, das von Guernsey an North Plantation (in St. Peter Port). Nützliche Informationen enthält die Seite www.visitchannelislands.com.

Geld. Jersey und Guernsey haben eigene Währungen, das Jersey- bzw. Guernsey-Pfund, das exakt dem Wert eines Britischen Pfunds – mit dem Sie hier ebenfalls bezahlen können – entspricht. Die Währung ist nur auf den Kanalinseln einsetz- und umtauschbar. Kreditkarten und Reiseschecks werden fast überall angenommen.

Kleidung. Üblich ist Freizeitkleidung; in einigen Restaurants sind Jackett und Krawatte obligatorisch. Auch im Sommer kann ein Regenschirm nützlich sein, außerdem Mantel und Pullover für kältere Tage.

Klima. Auf den Kanalinseln ist der Winter mild und der Frühling zeitig. Im April/Mai ist das Meer noch zu kalt zum Baden, doch die Inseln sind zu dieser Jahreszeit besonders schön, weil es dann überall grünt und blüht. Die Durchschnittstemperaturen erreichen im Sommer 21 °C, doch ist zu jeder Jahreszeit mit Regen zu rechnen.

Notfälle. Notrufnummer 999 für Polizei, Feuerwehr und Krankenwagen.

Öffnungszeiten. *Banken*: Montag bis Freitag 9.30–15.30 Uhr, einige sind auch am Samstagvormittag geöffnet. *Geschäfte*: Montag bis Samstag 9–17 oder 17.30 Uhr. *Postämter*: Montag bis Freitag 9–17 Uhr, Samstag 9–12 Uhr; auf Jersey und im Verwaltungsbezirk Guernsey sind jeweils nur die eigenen Briefmarken gültig.

Taxis. Einige Taxis warten an den Flughäfen und an Standplätzen in den Hauptstädten und größeren Küstenorten, andernorts müssen sie telefonisch angefordert werden.

Telefon. Die Kanalinseln sind ans britische Telefonnetz angeschlossen. Für internationale Gespräche wählen Sie 00 + Landesvorwahl + Ortsnetzkennzahl (ohne 0) + Teilnehmernummer.

Trinkgeld. Ist das Bedienungsgeld in der Restaurantrechnung *(service charge)* nicht inbegriffen, sind 10% üblich. An der Barschenke wird kein Trinkgeld gegeben, es sei denn Sie werden am Tisch bedient. Taxifahrer erwarten etwa 10%.

Unausssprechliche Ortsnamen

INHALT

Stolze Festung Caernarfon

Walisischer Drache

Imposante Hörner

WALES

Nach Wales zu reisen heißt, in England zu sein – und doch auch wieder nicht. Seit Jahrhunderten pflegen die Waliser ihre eigene Kultur und Tradition. In diesem Land voller keltischer Mythen können Sie die Ruhe und Abgeschiedenheit in vollen Zügen genießen.

Milford Haven

Pembrokeshire erstreckt sich im südwestlichen Teil der Halbinsel von Wales. Der 1952 gegründete **Pembrokeshire Coast National Park** umfasst praktisch das ganze Küstengebiet. Seine wilden Felsklippen und einsamen Badebuchten lernt man am besten auf dem 267 km langen, 1970 angelegten **Coastal Footpath** kennen.

Milford Haven besitzt einen der schönsten Naturhäfen Großbritanniens. Hier werden Öl und Fische verfrachtet.

Südlich davon, auf der anderen Seite der Bucht, liegt **Pembroke Dock**, das einst eine der größten königlichen Werften werden sollte und heute hauptsächlich als Hafen für Fähren aus Irland dient.

Pembroke (Penfro) ist eine kleine, aber historisch bedeutsame Stadt, denn hier kam 1457 Heinrich Tudor zur Welt, der später als König Heinrich VII. England regierte. Die Ortschaft wird vom Pembroke Castle dominiert, einer gewaltigen normannischen Küstenburg (11. Jh.). Besteigen Sie den Hauptturm, um die wunderbare Aussicht zu genießen. Von der normannischen Halle der Burg führt eine Treppe in die riesige natürliche Wogan-Höhle.

An der Küste südwestlich von Pembroke erstreckt sich der Ferienort **Manorbier** mit seinem mittelalterlichen Schloss. Hier wurde im 12. Jh. der brillante Gelehrte Giraldus Cambrensis geboren, der unter anderem die Reisebeschreibungen *Itinerary of Wales* verfasste. Cambrensis, ein Verfechter der unabhängigen Kirche von Wales, begleitete den Erzbischof Baldwin auf dem Dritten Kreuzzug.

Die Straße führt nun weiter die Küste entlang zum Badeort **Tenby** (Dinbych-y-Pysgod). Das Städtchen mit heute rund 5300 Einwohnern auf einer felsigen Halbinsel erwarb sich im 19. Jh. eine Reputation als Seebad, und noch heute ist es ein beliebter Ferienort – kein Wunder, denn es besitzt einen malerischen Hafen und schöne Gassen mit pastellfarbenen Häusern innerhalb der besterhaltenen Stadtmauern von Wales. Vom Tenby Castle (13. Jh.) sind nur Mauerfragmente übrig geblieben. Recht gut erhalten sind dagegen einige beeindruckende Wehrtürme der Stadtmauer.

Über die Geschichte des Städtchens kann man sich im Tenby Museum auf dem Castle Hill informieren. Das restaurierte Tudor Merchant's House geht auf das 15. Jh. zurück, als Tenby ein blühender Handelshafen war. Die Pfarrkirche St. Mary (13. Jh., im 14. und 15. Jh. erweitert) ist eine der größten und beeindruckendsten in Wales. Vom Hafen führt eine Bootsfahrt zur schönen **Caldey Island** etwa 5 km vor der Küste. Seit 1929 gehört die Insel den Zisterziensermönchen, die die im 12. Jh. gegründete und 1534 aufgelöste Abtei zum Leben erweckten. Bekannt sind ihre aus den heimischen Wildblumen hergestellten Caldey-Parfums.

Einen Ausflug lohnt auch die imposante Schlossruine des ursprünglich normannischen **Carew Castle** (13. Jh.) an der Mündung des Carew etwa 8 km westlich von Tenby. Ferner gibt es hier das bekannte keltische Steinkreuz (11. Jh.) sowie eine der wenigen Gezeitenmühlen Großbritanniens zu sehen.

Haverfordwest liegt nordöstlich von Milford Haven und besitzt eine beeindruckende Schlossruine (12. Jh.) hoch über den Dächern. Das Museum gleich daneben dokumentiert die Stadtgeschichte. Auffällig ist der englische Einfluss in der Architektur

Travel Pictures Ltd

Speisekarte

Wales ist stolz auf seine Küche, deren wichtigste Zutaten Lauch, Lammfleisch und *laver* (dunkelrote Algen) sind. An der Küste kommen fangfrische Fische sowie Schalen- und Krustentiere auf den Tisch. Das Nationalgericht ist ***cawl***, eine Lauchsuppe mit Rindfleisch, Speck, Karotten, Pastinaken, Steckrüben und Haferflocken. Die Glamorgan-Wurst eignet sich auch für Vegetarier: Sie besteht aus Käse, Brotkrumen, Lauch und Kräutern.

Bara brith ist ein dunkles Früchtebrot, für dessen Zubereitung Tee und Marmelade verwendet werden. Der bekannteste einheimische Käse heißt Caerphilly.

der Häuser; sie zeigen einen zumeist schlichten georgianischen Stil.

Eine Straße führt zur Küste der Saint Bridges Bay und die Landzunge entlang bis nach **St. David's** (Tyddewi) an ihrem äußersten Zipfel, der Wallfahrtsstätte des Schutzpatrons von Wales, St. David (Dewi Sant). Die imposante Kathedrale etwas unterhalb der kleinen Stadt zählt zu den ältesten Großbritanniens (12. Jh.). Im 14. Jh. wurde sie umgebaut. Ganz im Gegensatz zu seinem strengen Äußeren präsentiert sich der Innenraum des normannischen Gotteshauses mit einer Vielfalt an dekorativen Details. Einmalig ist die Holzdecke (15. Jh.) aus irischer Eiche. Die Gebeine des hl. David ruhen in einer Truhe in der Dreifaltigkeitskapelle.

Der Bischofspalast westlich der Kathedrale wurde Ende 13. und Anfang 14. Jh. für Bischof Glower erbaut. Der Komplex besteht aus drei langen Gebäuden um einen Hof, die mit skulpturenreichen, schönen Arkaden versehen sind. Eine Besichtigung lohnt vor allem der große Saal.

Caernarfon

Stolz überragt die **Burg von Caernarfon** mit ihren Türmen an der Mündung des Seiont-Flusses die Menai-Meerenge. Die Festung, deren Bau 1283 Eduard I. in Auftrag gab, war ein mächtiges Glied in der Verteidigungskette, welche die kriegerischen Einheimischen in Schach halten sollte. Tatsächlich stürmten die walisischen Angreifer 1294 während eines Aufstandes Caernarfon erfolgreich, während die Engländer ein Jahrhundert später dem Angriff Owain Glyndwrs trotzten. Hinter den trutzigen 5 m dicken Mauern Caernarfons findet sich ein Gewirr von Durchgängen. Wenn Sie Ihren Weg hindurch suchen, halten Sie Ausschau nach dem **Royal Welch Fusiliers Regimental Museum** mit einer tollen Sammlung militärischer Erinnerungsstücke, die ein Glanzlicht auf die Karriere des walisischen Regiments werfen, das u. a. im amerikanischen Unabhängigkeitskrieg und im Krimkrieg im Dienst war. Von den Befestigungsmauern aus haben Sie eine hervorragende Aussicht auf Berge und Meer.

Südöstlich der Stadt in der Beddgelert-Straße gewährt ein Spaziergang im **römischen Fort Segontium** eine Entdeckungsreise in die Zeit der Eroberung und Besetzung Wales' durch die Römer.

Eine reizvolle Straße führt südöstlich von Caernarfon nach **Llanberis**, einer alten Schieferbruch-Stadt. Hier ist auch die Endhaltestelle der **Llanberis-Lake-Schmalspurbahn**, die in der Blütezeit dieses Gewerbes im 19. Jh. zum Schiefer-Transport eingesetzt wurde. Heute fährt ein

Dampfzug in einer 40-minütigen Fahrt die Küste von Llyn Padarn entlang. Genießen Sie dabei die fantastische Aussicht auf die Berge von Snowdonia.

Im Padarn Country Park dokumentiert das **walisische Schiefermuseum** die Geschichte dieser Industrie.

Hinter Llanberis windet sich die Straße steil zum gleichnamigen Pass hinauf. Beiderseits des Wegs ragen zerklüftete Berge auf, und die Höhen Snowdons erheben sich über der graugrünen Felslandschaft. Vom Pass bis zum Kletterzentrum von **Capel Curig** stellen die Hänge eine Herausforderung für Bergsteiger dar – wie etwa für Sir Edmund Hillary, der hier für die Besteigung des Mount Everest trainierte. **Hafod Eryri** heißt der 2009 eröffnete Gipfelbahnhof der Snowdon-Zahnradbahn, der auch ein hübsches Café und ein Besucherzentrum birgt.

Hinter Capel Curig breitet sich eine dicht bewaldete Landschaft mit Flüssen, Seen und Wasserfällen aus. Der spektakulärste – **Swallow Falls** – ist mit seinen dramatisch hinabdonnernden Massen ein beliebtes Fotosujet.

Ein paar Kilometer weiter liegt **Betws-y-Coed**. In diesem beliebten Urlaubszentrum treffen drei Flüsse aufeinander. Der Ort kann mit sehr guten Kunsthandwerksgeschäften aufwarten. Sogar Shopping-Muffel lassen sich von der Auswahl an einheimischen Töpfer-, Granit- und Webwaren sowie der wetterfesten Freizeit-Ausrüstung beeindrucken.

Llandudno

Nehmen Sie jetzt die Straße Richtung Norden an die Küste nach Llandudno. Dieser beliebte Ferienort hat sich gar nicht so sehr verändert, seit Charles Dodgson hier die junge Alice Liddell mit den Geschichten von *Alice im Wunderland* unterhielt, die er später unter dem Pseudonym Lewis Carroll veröffentlichte.

Die **Promenade** mit dem Vergnügungshafen erstreckt sich über 2 km entlang dem Ufer. Die wichtigsten Läden befinden sich in der Mostyn-Straße, die parallel zur Promenade verläuft.

Great Ormes Head ist eine breite, ins Meer hinausragende Landzunge aus Kalkstein. Ein 8 km langer Naturpfad führt quer darüber. Sie können aber auch die Tram nehmen oder die Seilbahn, die auf den 207 m hohen Hügel gleitet. Machen Sie einen Halt bei der St.-Tudno-Kirche. Das einfache Gebäude steht an jener Stelle, wo der Heilige im 6. Jh. lebte und predigte.

Auf dem Rückweg nach Caernarfon kommen Sie an der mauerbewehrten Stadt **Conwy** vorbei und folgen dann der Küste. Die Ausblicke auf das Meer, den

Himmel und die Küste von Anglesey sind herrlich.

In der Universitätsstadt **Bangor** können Sie das fantastische neonormannische **Penrhyn Castle** aus dem 19. Jh. besichtigen, das mit den Gewinnen aus der Schieferindustrie finanziert wurde. Das Schloss mit seinem fast 20 ha großen Umland wurde von Thomas Hopper entworfen, der auch für das Design eines großen Teils der Ausstattung verantwortlich zeichnete. Zu sehen sind ein ummauerter Garten, eine Ausstellung über das Landleben, ein Puppen- sowie ein Eisenbahnmuseum. Außerdem demonstrieren Arbeiter altes Handwerk. Das ganze Jahr finden hier spezielle Volksfeste und Konzerte statt.

Anglesey

Sie können die Insel Anglesey über die **Menai-Hängebrücke** erreichen, die Thomas Telford von 1818–26 erbaute – sie gilt als die erste moderne Hängebrücke der Welt. Prachtvoll ist auch die **Britannia-Brücke**, die von Robert Stephenson, dem Sohn des Erfinders der Dampflokomotive, entworfen wurde. Noch aus dem Einweihungsjahr 1850 stammen die Eisenpfeiler, der Rest wurde 1970 neu gebaut. Seither ist sie doppelstöckig; oben führt die Straße entlang, unten die Eisenbahn.

Die zerklüftete Küste ist von sandigen Buchten und Badestränden gesäumt. Im Innern des Eilandes liegen weit verstreute Einzelhöfe und kleine Dörfer mit Steinhäusern.

Llanfair PG zieht Tausende von Besuchern an, die eigens hier Halt machen, um sich vor dem Ortsschild an der Bahnstation ablichten zu lassen.

wikimedia.org/Benito

Einkaufstipps

Traditionelle Emailarbeiten und Keramik werden Sie noch lange an Ihren Aufenthalt in Wales erinnern. In allen Urlaubsorten kann man Schiefer-Artikel kaufen. Auch Stoffe lohnen sich, vor allem Tweed und Flanell, die auf althergebrachte Weise von Hand gewoben werden. Ein sehr beliebtes Mitbringsel ist der **hölzerne Liebeslöffel** mit Schnitzereien wie verschlungenen Herzen, Schlössern und Schlüsseln oder mit keltischen Motiven.

Die auf heißem Stein gebackenen Welshcakes werden in hübschen Geschenkverpackungen angeboten.

Travel Pictures Ltd

Einer von vielen Papageitauchern auf der unbewohnten Puffin Island.

und sich im nahen Geschäft einen Passstempel zu sichern. Der vollständige Name dieses Dorfes (mit 58 Buchstaben!) lautet Llanfairpwllgwyngyllgogerychwyrndrobwllllantysiliogogogoch und bedeutet ins Deutsche übersetzt in etwa: »Kirche der heiligen Maria in der Senke beim weißen Haselnussbaum nahe der Flussschnelle und der roten Höhle des heiligen Tysilio«. In den 1980er-Jahren sollte das viktorianische Bahnhofsgebäude abgerissen werden. Eine schottische Strickwaren-Firma rettete es und führt heute auf dem Gelände ein großes Geschäft.

Das von einem Burggraben umgebene Schloss **Beaumaris** wurde 1295 zur Bewachung der Meerenge unter Eduard I. erbaut. Eine Besichtigung dieses UNESCO-Weltkulturerbes ist nicht nur während der Ritterspiele zu empfehlen. Pubs aus dem 15. Jh., Fachwerkhäuser und viktorianische Cottages machen auch die Besichtigung der kleinen Stadt lohnenswert.

Penmon im Norden von Beaumaris liegt gegenüber von Great Orme und Llandudno. In der Ferne sieht man die Gipfel Snowdonias. Die Münsterkirche St. Seiriol aus dem 12. Jh. beherbergt noch das Taufbecken, an dem der hl. Seiriol wirkte. Die kleine Papageitaucher-Insel, heute ein Vogelschutzgebiet, war um 540 Heimstätte eines Eremiten.

Ein Damm verbindet Anglesey mit **Holy Island** und mit dem **Hafen von Holyhead**, von dem aus Schiffe seit 4000 Jahren von und nach Irland fahren. Das **Seevogel-Zentrum Ellin's Tower** ist von vielen Pfaden überzogen. Mit ein wenig Glück und Geduld können Sie Papageitaucher, Raben, Wanderfalken und den silbergetupften Bläuling (einen Schmetterling) beobachten. Vom Gipfel des Holyhead reicht die Sicht auf Irland, die Isle of Man, Cumbria in England und Snowdonia.

PRAKTISCHE HINWEISE

Klima. Bedingt durch den Golfstrom kennt Wales im Allgemeinen milde Winter und feucht-kühle Sommer. Die beste Reisezeit ist zwischen Juni und August, wenn es an der Küste recht warm werden kann und weniger Regen fällt. Besonders in höheren Lagen ist das Wetter meist sehr veränderlich.

Kreditkarten. Die gängigen Kreditkarten werden so gut wie überall angenommen.

Öffentlicher Verkehr. Die größeren Städte von Wales sind durch ein Bahnnetz (*British Rail*) und Busse miteinander verbunden. Im Allgemeinen kosten Zugsfahrten mehr als Busfahrten.

Öffnungszeiten. *Banken*: Im Allgemeinen montags bis freitags 9–16.30 Uhr, einige Zweigstellen sind auch am Samstagmorgen offen. *Geschäfte*: Die Läden sind Montag bis Samstag 9–17.30 Uhr geöffnet, donnerstags und freitags bis 20 Uhr; allerdings bestehen keine einheitlich festgelegten Öffnungszeiten. *Post*: Hauptpostämter Montag bis Freitag 9–17 Uhr und am Samstagmorgen.

Stromspannung. 240 V, 50 Hz. Die Stecker haben drei viereckige Stifte; Sie werden also für kontinentaleuropäische Geräte einen Adapter brauchen.

Telefon. Für internationale Gespräche wählen Sie die 00, dann die Landeskennzahl (Deutschland 49, Österreich 43, Schweiz 41), die Ortsvorwahl ohne die Null am Anfang und dann die Rufnummer.

Trinkgeld. Im Restaurant ist der Service oft inbegriffen. Wenn nicht, geben Sie 10 bis 15%, auch für Taxifahrer.

Währung. Das Pfund Sterling (£) ist in 100 *pence* (p) eingeteilt. Münzen: von 1p bis £2, Scheine: von £5 bis £50.

Zeit. Mitteleuropäische Zeit (MEZ) –1 Stunde. Zwischen Ende März und Ende Oktober werden die Uhren um eine Stunde vorgestellt, der Unterschied zur MEZ bleibt sich gleich.

Three Legs of Man (Landeswappen)

INHALT

Isle of Man

Extras

Stadtplan

Faltkarte II

Blick aufs Meer

Vielfältige Landschaft

Vergnügliche Bahnfahrt

ISLE OF MAN

Die Vielfalt der Landschaft ist nur einer der vielen Gründe für einen Besuch auf der Isle of Man. Die Insel ist gut überschaubar: Sie misst nur 572 km², etwas mehr als der Bodensee.

Douglas

Im Sommer wimmelt es im Hafen von Schiffen. Schlendern Sie die Strandpromenade entlang und schauen Sie sich die hübschen viktorianischen Häuser am Ufer der Bucht an. Die farbenprächtigen versunkenen Gärten sind ein guter Platz für eine Verschnaufpause.

Einmal im Jahr erschüttert das Dröhnen von Motorrädern die sonst so ruhige Insel. Am **Manx Tourist Trophy**, einem Motorradrennen mit Start und Ziel in Douglas, nehmen seit 1907 die besten Rennfahrer der Welt teil. Tausende von Schaulustigen säumen dann die Straßen und bewundern den Mut der Fahrer.

Sehen Sie sich in Douglas das **Manx Museum** an. Auf originelle Art werden dort Zeugen aus Inselgeschichte und -kultur präsentiert. Das Museumsgebäude ist zugleich Sitz des Parlaments.

Rund um die Insel

Die Küstenstraße von Douglas in nördlicher Richtung nach Ramsey führt über **Laxey**, eine ehemalige Wikingersiedlung und späteres Abbaugebiet für Blei, Zink und Kupfer. Die Attraktion des Dorfes ist **Lady Isabella**, das mit einem Durchmesser von 22 m weltgrößte Wasserrad. Es wurde 1854 konstruiert, um Wasser aus den Minen zu pumpen. Seit dem Zusammenbruch im Bergbau arbeitet die Lady nicht mehr; sie wurde aber liebevoll restauriert.

Bevor Sie Laxey verlassen, sollten Sie noch mit dem Trieb-

Speisekarte

Es gibt eine große Auswahl an frischem Fisch, Räucherhering und Schalentieren wie Taschenkrebse, Hummer, Muscheln und *queenie*s – eine Spezialität der Insel.

Zartes Rindfleisch oder Lamm sind ausgezeichnete Hauptgerichte, aber vielleicht möchten Sie auch die hausgemachten Würste probieren. Als Dessert empfehlen wir würzigen Käse oder Eis, hergestellt aus der wunderbar sahnigen Milch der Insel.

wagen die etwa 6 km lange Strecke nach **Snaefell** fahren, dem mit rund 620 m höchsten Berg der Isle of Man. Vom Gipfel aus sehen Sie bei guter Sicht gleich sechs Königreiche: England, Irland, Schottland, Wales, Man – und das Himmelreich!

Etwa 25 km von Douglas entfernt liegt **Ramsey**, die zweitgrößte Stadt der Insel und dank ruhiger Badestrände und hübscher Spazierwege seit vielen Jahren ein beliebtes Ferienziel für Familien.

Südlich von Ramsey, in der Gemeinde Maughold, finden sich Steine mit Meißelarbeiten der Kelten und Wikinger. Darunter ist auch das vermutlich 500 Jahre alte **Maughold village pillar cross**, ein Steinkreuz, das die älteste bekannte Darstellung des Wappens *Three Legs of Man* trägt.

Das reizvolle **Peel** an der Westküste ist auch als »Stadt des Sonnenuntergangs« bekannt. Der alte Teil des einst blühenden Fischerdörfchens ist seit Jahrhunderten unverändert. Die roten Sandsteinhäuser in den engen Gassen könnten von den Schmugglern, die hier im 18. Jh. schwungvollen Handel betrieben, sicher manche Geschichte erzählen.

Noch mehr beflügeln die mittelalterliche **Burgruine** und die ebenfalls innerhalb der Festungsmauern stehende Kathedrale die Vorstellungskraft des Besuchers. Die militärischen Befestigungsarbeiten begannen unter Magnus dem Barfüßigen, dem König von Norwegen; im 14. und 15. Jh. wurden sie ausgebaut. Die Burg findet sich auf der Insel **St. Patrick's**, die durch einen Damm mit der Hauptinsel verbunden ist.

Im **Hafen** lassen sich die vom Meer zurückkehrenden Heringsboote beobachten. Ein Großteil der Fänge geht direkt in die Räucherkammern, die die berühmten *Manx kippers* herstellen: Die Heringe werden über einem Eichenholzfeuer langsam geräuchert, wobei die andernorts verwendeten Farbstoffe hier verboten sind.

Das **House of Manannan** von Peel beschäftigt sich mit der keltischen, wikingischen und maritimen Vergangenheit der Isle of Man. Hier liegt auch die *Odin's Raven* – die Nachbildung eines Langschiffs der Wikinger –, die 1979 die aufsehenerregende Reise von Norwegen nach Peel unternahm. Das Jahr 1979 wird auf Man nicht so schnell in Vergessenheit geraten, denn es zeigte,

Einkaufstipps

Ein außergewöhnliches Souvenir sind Münzen mit dem »Three Legs of Man«-Motiv. Von ausgezeichneter Qualität ist handgewebter Manx-Tweed. *Kippers*, die geräucherten Heringe, werden von vielen Fischhändlern per Luftpost fast überallhin verschickt.

dass der Tynwald schon seit 1000 Jahren funktioniert: Seit der Zeit der norwegischen Herrschaft ist es üblich, jedes Jahr am 5. Juli unter freiem Himmel eine Versammlung abzuhalten, um neue Gesetze zu verkünden.

Das Dorf wird vom verrufenen Berg **Slieau Wahllian** überragt. Von seinem Gipfel rollte man im Mittelalter in mit Nägeln versehenen Fässern die Hexen zu Tale.

Vor der südwestlichen Inselspitze liegt **Calf of Man**, eine Insel, die durch einen schmalen Kanal von der Hauptinsel getrennt ist. Dieses Natur- und Vogelschutzgebiet ist für seine Vielfalt an Seevögeln bekannt. Und auf den Klippen tummeln sich zahlreiche Seehunde. Auf Calf wohnt niemand außer dem Schutzwart.

Die frühere Hauptstadt der Isle of Man, **Castletown**, ist stolz auf ihre Burg: Hinter den mächtigen Mauern des **Castle Rushen** (11. Jh.), dem ehemaligen Wohnsitz der Wikingerkönige, entstand ein guter Teil der Inselgeschichte. Das in einem 200 Jahre alten Bootshaus untergebrachte **Schifffahrtsmuseum** zeigt neben Schiffsmodellen die als Schoner getakelte Jacht *Peggy* aus dem Jahre 1791.

PRAKTISCHE HINWEISE

Banken. Montag bis Freitag 9.30–15.30 Uhr geöffnet, am Donnerstag zusätzlich 16.30–17.30 Uhr.

Geschäfte. Geöffnet Montag bis Freitag 9–17.30 Uhr. Manche machen eine Mittagspause (13–14 Uhr).

Postämter. Alle Briefe und Karten müssen mit Manx-Briefmarken versehen werden. Hauptpostämter sind Montag bis Freitag 9–17.30 Uhr und Samstag 9–12.30 Uhr geöffnet.

Währung. Die Isle of Man gibt eigene Münzen und Scheine heraus. Die Währung entspricht jedoch dem englischen Pfund (£), das in 100 Pence (p) unterteilt ist. Englisches Geld wird auf Man überall angenommen, umgekehrt sind aber Manx-Münzen und -Scheine kein gesetzliches Zahlungsmittel in England. Wechseln Sie Ihr Manx-Geld vor Ihrer Abreise in englisches! Münzen: von 1p bis £5; Scheine: von £1 bis £50.

Dudelsack und Tartan

INHALT

Schottland

Extras

Stadtpläne

Faltkarte II

Lochs und Lochens

Schottische Nationalblume

Gastfreundliches Land

SCHOTTLAND

Die Landschaften und Städte Schottlands sind so großartig und seine Bewohner so liebenswert, dass man das launische Wetter gern in Kauf nimmt. Wer sich für ursprüngliche Natur und gelebte Tradition begeistern kann, wird sich hier unbedingt wohlfühlen.

Edinburgh

Alt- und Neustadt können gut zu Fuß erkundet werden. Wer sich einen ersten Überblick verschaffen möchte, besteigt einen der Doppeldeckerbusse, die die wichtigsten Sehenswürdigkeiten ansteuern. Behalten Sie Ihre Fahrscheine, denn sie berechtigen an verschiedenen Orten zu ermäßigten Eintrittspreisen.

Die Altstadt

Als die Bevölkerung immer weiter anwuchs, mussten die auf einem schmalen Bergkamm dicht aneinandergedrängten Gebäude in die Höhe gebaut werden. Bereits im 16. Jh. erreichten sie sechs und mehr Stockwerke. Der Inhalt der Nachttöpfe wurde ganz einfach in die Gassen gekippt. Heutzutage besteht das Risiko, nass zu werden, nicht mehr, wenn Sie die geschichtsträchtige Royal Mile von der Burg bis zum Palast Holyroodhouse hinabschlendern.

Das markante **Edinburgh Castle**, das hoch oben auf einem Vulkankegel thront, beherrscht die Stadt. Der Ausblick ist überwältigend: Östlich verläuft die Royal Mile, im Norden erkennt man die Neustadt bis zum Firth of Forth, im Süden reicht das Panorama bis zu den Pentland Hills.

Fast 3000 Jahre überdauerte die erste Festung, doch erst im Jahr 600 ging sie als *Dún Eideann* (»Eidyns Festung«) in die Geschichte ein. Aus dieser gälischen Bezeichnung ist der Name Edinburgh entstanden. Als königliches Schloss und damit Residenz der schottischen Monarchen und Regentinnen diente die Festung bis zu Jakob VI., der 1566 hier geboren wurde. Jeder seiner Bewohner ließ die Gebäude auf dem Hügel um- oder ausbauen. Deshalb wirkt die Anlage heute als Mischung aus Palast, Kaserne und Museum.

Die um 1075 für Königin Margareta erbaute **St. Margaret's Chapel** entstand als erster Bau innerhalb der Festungsmauern. Während 300 Jahren diente das Kirchlein als Pulvermagazin und wurde erst 1845 wieder entdeckt. Heute ist St. Margaret's Chapel die älteste noch benutzte Kirche Schottlands. Der schlichte Innenraum ist nur 3 m breit. Als höchster Aussichtspunkt des Burgfelsens bietet die Kirche ein herrliches Panorama über die Princes Street Gardens und die Neustadt.

Die **Great Hall** (1502) im Castle besitzt eine der schönsten Stichbalkendecken Großbritanniens. Ihre Eichenholzbalken sind ohne Nägel oder Schrauben ineinandergefügt worden.

Im **Palast** sind die kostbarsten Ausstellungsstücke des Schlosses aufbewahrt. So bestaunt man im Crown Room die *Honours of Scotland*, wie die Kronjuwelen bezeichnet werden. Sie zählen zu den ältesten königlichen Krönungsinsignien Europas. Als Erster trug Robert Bruce Goldkrone und Perlen im Jahr 1306. Neben den Kronjuwelen wird der *Stone of Destiny* (»Stein des Schicksals«) bzw. *Stone of Scone* gezeigt, der einen Teil des Krönungsthrons der schottischen Könige wie Macbeth und John Balliol bildete. Er wurde 1296 von König Eduard I. nach London gebracht und erst 700 Jahre später wieder zurückgeschafft.

In den darunterliegenden Gewölben steht die **Mons Meg**, eine im 15. Jh. in Flandern gegossene Kanone. Sie wird nicht mehr benutzt, seit sie im Jahr 1680, anstatt die Salutschüsse zu Ehren eines königlichen Besuchs abzufeuern, kläglich explodierte. Heute erhallt von der Half Moon Battery aus wochentags um 13 Uhr die One O'Clock Gun.

Die **Royal Mile** (»Königliche Meile«) führt vom Schloss zum Königspalast, dem Holyroodhouse. Die verschiedenen Abschnitte tragen jeweils andere Namen: Castlehill, Lawnmarket, High Street, Canongate und zuletzt Abbey Strand. Insgesamt ist sie rund 2 km lang und eignet sich bestens für Spaziergänge, denn hier reiht sich eine Sehenswürdigkeit direkt an die andere. Zwischen dem 18. Jh. und den 1960er-Jahren war die Straße verwahrlost; die begehrten Wohnviertel lagen damals in der Neustadt. Dann erkannten ein paar Architekturliebhaber die nüchterne Schönheit dieser Gemäuer, und bald erwachte das Viertel aus seinem Dornröschenschlaf.

Castlehill bietet gleich drei Attraktionen. In der **Tartan Weaving Mill and Exhibition** können Sie die Webtechniken der traditionellen Kiltherstellung kennenlernen; die **Scotch Whisky Experience** gibt Einblick in die Whiskyherstellung (samt Kostproben); und in der 150 Jahre alten **Camera Obscura & World of Illusion** können Sie Edinburghs Panorama in allen Einzelheiten bewundern. Ebenfalls am

Castlehill ist in einer früheren Kirche mit 73 m hohem Turm **The Hub** (auch »Edinburgh's Festival Centre«) untergebracht, wo Karten für das Edinburgh Festival und weitere kulturelle Ereignisse erhältlich sind.

Lawnmarket ist nach den feinen weißen Leinen- und Baumwollstoffen benannt, mit denen hier einst gehandelt wurde. Auf der Nordseite liefert **Gladstone's Land** ein prachtvolles Beispiel für ein hohes und schmales Mietshaus aus dem 17. Jh. Die Landesstiftung National Trust for Scotland ließ es teilweise restaurieren und mit Möbeln ausstatten, um zu zeigen, wie es hier vor 300 Jahren ausgesehen hat. Auch ein kleines Geschäft mit Nachbildungen von damaligen Waren ist zu sehen. Ein Stück weiter unten auf dem Lawnmarket stößt man auf das **Writers' Museum**, das im Lady Stair's House (1622) eingerichtet wurde. Es stellt Manuskripte und persönliche Gegenstände von Robert Burns, Sir Walter Scott und Robert Louis Stevenson aus.

Auf dem Parliament Square am oberen Ende der High Street erhebt sich die **St. Giles' Cathedral**, Schottlands »Hochkirche«. Die Bauarbeiten begannen 1120. Die wuchtigen normannischen Pfeiler stammen aus jener Zeit – und der berühmte Spitzturm in Form der schottischen Krone wurde 1495 hinzugefügt. Besonders sehenswert sind die Glasfenster und die hübsche Thistle Chapel mit einem Kirchenstuhl für den Monarchen und einem fürstlichen Sitz für jeden der 16 Ritter des Distelordens, des ältesten Ritterordens von Schottland. John Knox hielt seine Predigten in der Kathedrale und liegt vermutlich in einem anonymen Grab davor begraben.

Aus dem **Parliament House** (1639) wurde nach Auflösung des Parlaments im Jahr 1707 ein Gerichtshof, wo u. a. die Schriftsteller Scott und Stevenson als Juristen tätig waren.

Die **Tron Kirk** (1648) an der Kreuzung von High Street und South Bridge diente eine Zeit als Besucherzentrum und beherbergt seit 2012 eine Bar. Archäologen haben den Fußboden in der Mitte entfernt und ein Labyrinth von alten Gassen freigelegt, die beim Bau der Kirche zugedeckt wurden.

Das **John Knox House** in der High Street 43–45 gilt als die letzte Adresse des Reformators. Ursprünglich standen hier zwei Häuser aus dem 15. Jh., die jedoch für James Mosman – den Juwelier der schottischen Königin Maria – 1556 als Ausstellungsgebäude seiner Arbeiten umgebaut wurden. Die Geschäfte im Erdgeschoss sind die ältesten Edinburghs. Heute zeigt man hier Bibeln und andere Bücher, die einen Bezug zu Knox haben.

Eine Tonbildschau erklärt die religiösen Konflikte seiner Zeit.

In Canongate Tollbooth, einem Gebäude aus dem Jahre 1591, waren einst die Stadtverwaltung und das Gefängnis untergebracht. Heute gibt hier die Dauerausstellung **The People's Story** Einblick in das Leben der einfachen Leute in den letzten 200 Jahren. Als Anschauungsmaterial dienen Videos, Fotos, Alltagsgegenstände und sogar künstlich erzeugte Gerüche. Sehr schön sind auch die liebevollen Rekonstruktionen von Werkstätten, Gefängniszelle, Teesalon und Pub.

König David I. gründete 1128 die Abtei von Holyrood, doch erst 1501 ließ Jakob IV. sie zu seiner dauerhaften Residenz, dem **Palace of Holyroodhouse**, ausbauen. Die Führungen beginnen in den Prunkzimmern des 17. Jh., die von Karl II. und Jakob VI. (Jakob I. von England) benutzt wurden. Auch die Gemächer Jakobs V., des Vaters von Maria Stuart, sind zugänglich. Maria heiratete ihren zweiten Ehegatten Lord Darnley in der Abtei und wohnte 1561–1567 im Palast. Sie musste mitansehen, wie ihr Sekretär und Liebhaber David Rizzio im Outer Chamber von einer Gruppe Adliger niedergestochen wurde. Anführer war der eifersüchtige Darnley. Eine Gedenktafel zeigt den Tatort an. In anderen Räumen sind Kunstgegenstände aus den königlichen Sammlungen ausgestellt. Der Besuch endet an der Ruine der Abtei, die in den Religions- und Bürgerkriegen des 16./17. Jh. zerstört wurde.

Der Palast dient noch heute Staatszeremonien, und wenn Königin Elisabeth II. in Edinburgh weilt, wohnt sie hier.

Das spektakuläre **Scottish Parliament** (2004 eröffnet) erhebt sich gegenüber von Holyroodhouse. Der katalanische Architekt Enric Miralles entwarf einen halbkugelförmigen Plenarsaal – als Gegenstück zum Londoner House of Commons.

Mit ihrem auffälligen weißen Dach lässt sich die Hightech-Attraktion **Our Dynamic Earth** nicht verfehlen. Dieses supermoderne Zentrum stellt mit vielen Spezialeffekten die Erdgeschichte dar. Sie können u. a. ein simuliertes Erdbeben erleben oder über eine Gletscherlandschaft fliegen.

Brücken und weitere Museen

Die Altstadt liegt stufenförmig an einem Hügel. Die verschiedenen Bereiche sind untereinander mit steilen Gassen und Treppen verbunden. Im 19. Jh. wurden Viadukte und Brücken erbaut, um die beidseitig der Royal Mile gelegenen Senken zu überspannen. Auf Rundgängen bieten sich immer wieder überraschende Ausblicke.

Vom Lawnmarket aus gelangt man auf die George IV. Bridge.

Unter ihr verläuft das Cowgate, das in den etwas breiteren **Grassmarket** übergeht. Sobald ein Sonnenstrahl hervorblinzelt, herrscht hier auf den Terrassen der Cafés und Pubs fast mediterrane Stimmung. In der Nähe des südlichen Endes der George IV. Bridge, neben der Candlemaker Row, erhebt sich die **Greyfriars Kirk** (1620), wo 1638 das National Convenant unterzeichnet wurde, ein Dokument, in dem sich die Unterzeichner gegenseitig das Festhalten an der Reformation zusicherten. Eine andere denkwürdige Szene spielte sich hier ab, wie eine Bronzestatue und ein Gedenkstein bezeugen: Ein treuer Vierbeiner harrte 14 Jahre lang bis zu seinem Tode 1872 am Grabe seines Herrchens aus.

Das **National Museum of Scotland** verteilt sich auf mehrere Standorte, doch der Hauptsitz ist an der Chambers Street in zwei architektonisch gegensätzlichen Gebäuden direkt nebeneinander. Einerseits handelt es sich um einen eindrucksvollen modernen Bau, auf dem ein zylindrischer Turm in honigfarbenem Sandstein einen architektonischen Akzent setzt. Im Rahmen eines 46-Millionen-Pfund-Projekts ist andererseits das ehemalige Royal Museum umfassend modernisiert und 2011 wiedereröffnet worden. Die Sammlung umfasst Kunst- und Gebrauchsgegenstände und bietet eine anregende Darstellung der schottischen Geschichte.

hemis.fr/Frilet

Jedes Jahr im August werden in Edinburgh am legendären Military Tattoo die Traditionen gepflegt – und längst nicht nur dann!

North Bridge und **South Bridge** bilden eine einzige beeindruckende Straße, die von der High Street durchquert wird. Die South Bridge führt zum **Old College**, dem ältesten Teil der Edinburgher Universität, und zum Festival Theatre. In der Market Street unterhalb der North Bridge zeigt das **City Art Centre** eine ausgewählte Sammlung schottischer Kunst.

Die Neustadt

Ab Mitte des 18. Jh. verfielen die Wohnhäuser der übervölkerten Altstadt zusehends. Die Stadtväter beschlossen, nördlich des Schlosses und des Nor' Loch eine elegante Neustadt zu erbauen. So musste über diesen Wassergraben zunächst eine Brücke geschlagen werden. Später wurde er trocken gelegt und in die Princes Street Gardens umgewandelt. Die beiden Architekten James Craig und Robert Adam präsentierten einen schachbrettartigen Plan mit breiten Straßen und Reihenhäusern im damals modischen klassizistischen Stil. Bei der Erweiterung der Neustadt fügten spätere Stadtplaner *crescents* (halbmondförmige Straßen) und *circles* (runde Plätze) hinzu. So entstand das größte georgianische Viertel Großbritanniens.

Es war Craigs Eingebung, die **Princes Street** nur auf einer Seite zu bebauen. Sie erstreckt sich gegenüber des Schlossbergs, jenseits der großzügigen Parkanlagen (East und West Princes Street Gardens) gen Norden. Der Blick auf diese Häuserfront ist beeindruckend.

Im Nordosten der Grünanlagen (East Princes Street Gardens) steht das majestätische gotische **Scott Monument**, das den Schriftsteller, seinen Hund, 64 Figuren aus seinen Werken und 16 schottische Autoren zeigt. Über 287 Stufen gelangt man in die Spitze des Denkmals hinauf, wo einen der schöne Ausblick belohnt.

Durch die Anlagen führt der Mound, eine Aufschüttung, die aus dem Bauschutt der Arbeiten in der Neustadt entstand. Dort befindet sich die **Royal Scottish Academy** mit Wechselausstellungen einheimischer Kunst. Auf drei Gebäude in der Stadt verteilt präsentiert sich Schottlands größte Sammlung europäischer Kunst von der Renaissance bis zum Post-Impressionismus – die **National Galleries of Scotland**. Hinter der neuhellenistischen Fassade am Fuße des Mound findet sich eine feine Sammlung europäischer Gemälde. Raffael, Tizian, Van Gogh und andere sind hier vertreten, aber auch englische Meister wie Turner, Gainsborough und der Schotte Henry Raeburn.

Parallel zur Princes Street verläuft die elegante Ost-West-Achse der Neustadt, **George Street**, an deren östlichem Ende der **St. Andrew Square** liegt. In diesem Gebiet errichteten die meisten Großbanken und Versicherungsgesellschaften ihre Marmorpaläste; in einigen sind nun Restaurants und Bars untergebracht.

Der **Charlotte Square** am Westende der George Street, nach Plänen von Robert Adam 1791 angelegt, ist ein wahres städtebauliches Meisterwerk. Er begrenzte einst die Neustadt. Der

National Trust for Scotland ließ im Untergeschoss des **Georgian House** (aus dem Jahr 1796) ein typisches Interieur mit Esszimmer, Küche und Weinkeller restaurieren, das man von März bis November besichtigen kann.

Wie in der Princes Street sahen James Craigs Pläne für die Nordseite seines neuen Viertels ebenfalls nur eine einseitige Bebauung vor. Somit besitzen die Häuser an der **Queen Street** eine herrliche Aussicht auf den Forth und darüber hinaus. Die **National Portrait Gallery**, Teil der National Galleries of Scotland, unterhalb des St. Andrew Square illustriert die Geschichte Schottlands mit den Gesichtern seiner Bewohner von damals bis heute (über 160000 Porträts). 2009–2011 wurde die Galerie umfassend renoviert.

Der Botanische Garten

Im rund 30 ha großen, sorgfältig angelegten Royal Botanic Garden 2 km nördlich des Zentrums taucht man in eine Welt der Farben und Formen ein. Hier blühen Azaleen und Rhododendren, majestätische Eichen strecken ihre Kronen himmelwärts, und in Felsengärten wird eine Gebirgspflanzensammlung gepflegt. Schöne viktorianische Gewächshäuser beherbergen exotisches Grünzeug, ein chinesischer Garten und ein Arboretum laden zum Verweilen und Flanieren ein.

Leith

Edinburghs Hafen liegt 3 km nordöstlich der Stadt am Firth of Forth (der Mündungsbucht des Flusses Forth). Der Name der Straße Leith Walk lässt vermuten, es handle sich um eine Flaniermeile – und genau das ist sie auch. Bis in die 1990er-Jahre wagten sich wenige Besucher in das Gebiet, da Leith ein heruntergekommener Stadtteil mit schäbigen Straßen und baufälligen Docks war, doch nun hat sich die Atmosphäre durch die Renovierung von Wohn- und Geschäftshäusern vollständig verändert. Hier finden Sie jetzt die besten Restaurants und gemütlichsten Bars. Zu den wichtigen Einkaufsmöglichkeiten zählt das Hauptlager der königlichen Schottentuchmacher *(tartans)*.

Als Attraktion lockt die ehemalige königliche Jacht *Britannia*, die nun restauriert in Leith am Kai liegt und für Besucher zugänglich ist. Kreuzfahrtschiffe legen am angrenzenden Dock an, und nach einem kurzen Spaziergang Richtung Westen erreichen Sie den malerischen Fischerhafen **Newhaven**, der durch sein modernes Hotel und die empfehlenswerten Fish-and-Chips-Restaurants zu neuem Leben fand.

Glasgow

Die lebensfrohen Glasgower haben der einst trostlosen Industrie-

Pictures Colour Library

Symbol der gelungenen Wiedergeburt einer Industriestadt: das Glasgow Science Centre.

metropole neues Leben eingehaucht. Starten wir unsere Tour in **Greenock** an der Mündung des Flusses Clyde. Die Hafenstadt ist der Geburtsort von James Watt (1736–1819), dem Erfinder der Dampfmaschine. Das eindrucksvolle **Custom House** (Zollgebäude, 1818) am Ufer spiegelt die Seefahrervergangenheit der Stadt wider. 1940–45 war Greenock Marinestützpunkt des Freien Frankreich in Großbritannien. Das mächtige **Lothringer-Kreuz** aus Granit oberhalb der Stadt erinnert an die in der Atlantikschlacht gefallenen französischen Seeleute.

Passagiere, die in Greenock an Land gehen, sind natürlich in erster Linie an **Glasgow** interessiert, das nur 35 km flussaufwärts am Clyde liegt. Der Name wurzelt im Keltischen und bedeutet »geliebter grüner Ort«. Noch heute ist Glasgow dank seiner vielen Parks sehr grün, selbst im Zentrum.

Die prachtvolle gotische **Kathedrale** entstand im 13. Jh. an der Stelle von Mungos Zelle. Das Grab des hl. Mungo befindet sich in der Krypta. Hinter der Kathedrale sind in der **Nekropolis** die kunstvoll verzierten viktorianischen Grabmäler zu sehen.

Westlich der Kathedrale wird der im Herzen Glasgows gelegene **George Square** von den **City Chambers**, dem Rathaus, dominiert. Das Gebäude mit dem goldenen Segelschiff auf seiner Spitze an der Ecke der West George Street ist die **Handelskammer**. Dieses Viertel gehört zur Merchant City, dem einstigen Handelszentrum, in dessen restaurierten Bauten aus viktorianischer und georgianischer Zeit nun Designer-Boutiquen einquartiert sind.

Die **Glasgow Gallery of Modern Art** steht am Royal Exchange Square und ist in einem extravaganten Gebäude untergebracht, welches im 18. Jh. von einem Tabakhändler errichtet wurde. Gezeigt werden nicht nur Werke schottischer

Künstler, sondern auch Bilder und Skulpturen aus Mexiko, Äthiopien und Papua-Neuguinea.

Die **Glasgow School of Art** nordwestlich des Zentrums wurde von Charles Rennie Mackintosh im Alter von nur 28 Jahren entworfen; sein erfinderischer Stil findet Ausdruck in Struktur, Materialien und Dekor der Schule. Kunststudenten bieten Führungen durch das Innere dieses architektonischen Meisterwerkes an.

Etwas weiter nördlich steht das vom National Trust for Scotland geschützte **Tenement House** (1892), ein typisches Mietshaus aus der ersten Hälfte des 20. Jh., wo Inneneinrichtung und Alltagsgegenstände der ehemaligen Bewohnerin zu sehen sind.

Westlich der City befindet sich im Kelvingrove Park in einem roten Sandsteingebäude die **Kelvingrove Art Gallery and Museum**. Zu den eklektischen Sammlungen gehören niederländische Maler des 17. Jh., französische Impressionisten, Vertreter der Barbizon-Schule, schottische Kunst, aber auch Silber, Keramik und archäologische Funde aus Ägypten.

In mehreren Gebäuden auf dem Gelände der Universität von Glasgow ist **The Hunterian** untergebracht; im **Hunterian Museum** werden die Kollektionen des Arztes William Hunter gezeigt, der wissenschaftliche Instrumente, Münzen, Mineralien u. a. sammelte. Die **Hunterian Art Gallery** zeigt neben Bildern europäischer Künstler die umfangreichste Sammlung an Werken von James McNeill Whistler außerhalb der USA. Einige Räume aus dem Stadthaus Mackintoshs wurden restauriert und sind im **Mackintosh House** samt der Originaleinrichtung zu sehen.

Der **Botanische Garten** besticht mit gepflegten Rasenflächen, Blumenbeeten und Treibhäusern. Auch das Tropikarium, die Orchideen und der Kräutergarten lohnen einen Besuch.

Südlich des Zentrums erhalten Besucher im **People's Palace** einen Einblick in die Geschichte Glasgows und seiner Bewohner.

Das **Riverside Museum** von der Architektin Zaha Hadid mit dem wellenförmigen Dach direkt am River Clyde ging 2011 aus dem Museum of Transport hervor. Neben historischen Lokomotiven, Straßenbahnen, Oldtimern, Kampfflugzeugen wird speziell die Seefahrtsgeschichte Glasgows veranschaulicht. Man kann auch Rundfahrten auf dem River Clyde unternehmen.

Das **Scottish Exhibition and Conference Centre** (SECC) ist besonders wegen des von Norman Foster entworfenen Auditoriums am Queen's Dock sehenswert. Das Dach der Konzert- und Veranstaltungshalle besteht aus acht ineinandergeschachtelten Aluminiumschalen, die dem 1997 eingeweihten Bauwerk den Kosenamen »Armadillo« (Gürteltier) eintrugen. Am anderen Flussufer steht das neue **Glasgow Science Centre**. Die Ausstellungen sind Entwicklungen der Gegenwart und Zukunft in Wissenschaft und Technologie gewidmet.

In wunderschöner Lage mitten im Pollok Park 5 km südwestlich des Stadtzentrums besticht die in einem modernen Gebäude zu besichtigende **Burrell Collection** mit einer umfassenden und erlesenen Sammlung von Kunstschätzen des Großreeders William Burrell.

Ausflüge von Glasgow

Mit rund 39 km Länge und 8 km Breite ist **Loch Lomond** das ausgedehnteste Binnengewässer Großbritanniens. Von seinen über 30 Inseln und Inselchen befinden sich die meisten in Privatbesitz, doch drei bilden ein Naturreservat. Höchst beliebt ist der See bei Wassersportlern. Der fast 1000 m hohe Ben Lomond überragt die anderen Berge und vermittelt einen Vorgeschmack auf die rauen Highlands.

Südlich von Greenock liegt das reizvolle Gebiet Ayrshire, zu dem auch **Burns Country** gehört, das »Land von Robert Burns«. Diese nach Schottlands Nationaldichter Robert Burns (1759–1796) benannte Gegend beginnt in **Alloway**, einem Vorort der blühenden Küstenstadt Ayr. Im **Robert Burns Birthplace Museum** inmitten schöner Parklandschaft erfährt der Besucher alles über den Barden aus dem Volke, der seinerzeit als »*heaven-taught ploughman*« gehandelt wurde (etwa: der Pflüger, den der Himmel lehrte). Das **Burns Cottage**, wo der Dichter geboren wurde, steht nebenan.

Inverness und Umgebung

Inverness (rund 40 000 Einwohner), Hauptstadt und wichtigstes Eingangstor der Highlands, liegt am Nordende des Great Glen. Erstaunlicherweise wurde es erst Ende 2000 von der Queen zur Stadt erhoben.

Das **Marktkreuz** vor dem neugotischen Rathaus (19. Jh.) in der High Street beweist, dass hier einst das Herz der Stadt schlug – an dessen Stelle nun eine verkehrsfreie Einkaufszone getreten ist. Über allem erhebt sich das **Schloss** aus rotem Sandstein; der jetzige Bau entstand größtenteils im 19. Jh. an der Stelle früherer Festungen. Inverness Castle dient heute als Verwaltungsgebäude. Das **Inverness Museum and Art Gallery** am Castle Wynd unterhalb des Schlosses ist der Geografie, Geschichte und Folklore gewidmet. Nördlich vom Rathaus steht in der Church Street das älteste Gebäude der Stadt, **Arbertarff House** (1593). Es beherbergt eine Galerie für zeitgenössische Kunst.

Der **Caledonian Canal** wurde von Thomas Telford zu Beginn des 19. Jh. entworfen, um die Ost- und Westküste der Highlands miteinander zu verbinden; heute dient die Wasserstraße für gemütliche Bootsfahrten zum Loch Ness. Nicht weit von hier bietet der **River Ness** Gelegenheit, Lachse zu angeln oder auf den durch Fußgängerbrücken verbundenen Ness Islands zu wandern.

Richtung Nordosten führt der Weg über Dingwall nach **Alness** und **Invergordon**. Alness ist für die alteingesessenen Whiskybrennereien Dalmore und Teaninich bekannt. Invergordons Hafen, einst eine wichtige Militärbasis, dient heute vor allem der Erdölindustrie: Von hier aus werden die Bohrinseln in der Nordsee versorgt.

istockphoto.com/Craven

Von Inverness Richtung Osten erreicht man das Schlachtfeld **Culloden Moor**, wo am 16. April 1746 etwa 1500 Highlander im Kampf gegen die Engländer starben. Die Positionen der beiden Armeen sind mit Flaggen angezeigt, schlichte Grabsteine zieren die letzte Ruhestätte der Clansleute. Als *Field of the English* bezeichnet man die Stelle, wo etwa 50 englische Soldaten begraben sind.

Loch Ness

Auf jeden Fall ist es ein schöner See. Selbst wenn im längsten der vier Lochs, die sich im Grabenbruch des Great Glen zwischen

Ungeheuerlich. Die ersten Beschreibungen von »Nessie« gehen auf das 6. Jh. zurück, als der hl. Columban das Biest gebändigt haben soll. Im Verlauf der Jahrhunderte berichteten Einheimische über eigenartige Wesen, die sich im See tummelten, besonders bei Vollmond. Die Erscheinungen des Ungeheuers nahmen schlagartig zu, als in den 1930er-Jahren die Fernstraße A82 gebaut wurde. Man hat nie mehr als ein Monster beobachtet, was bedeutet, dass Nessie – mit dem wissenschaftlichen Namen *Nessiteras rhombopteryx* – entweder nie mit Partnern ausgeht oder ein einsamer Überlebender der ausgestorbenen Spezies Plesiosaurus ist; es wäre also mindestens 1400 Jahre alt. Die in Drumnadrochit gezeigten Fotografien und Filme haben sich nicht immer als authentisch erwiesen ...

Pictures Colour Library

Jedes der zahllosen Schlösser könnte viel(e) Geschichte(n) erzählen, auch Eilean Donan.

Fort William und Inverness aneinanderreihen, kein Ungeheuer lebt, so wäre Loch Ness dennoch einen Besuch wert. Das 36 km lange, bis zu 240 m tiefe Gewässer bildet Großbritanniens größtes Frischwasserreservoir. Die meisten Bustouren führen nach Fort Augustus am Südwestende des Sees; auf der Strecke liegen Drumnadrochit, der »Monster-Beobachtungspunkt« in der Ruine von Urquhart Castle (14. Jh.), das moderne **Loch Ness Centre & Exhibition** und das hübsche Dorf Invermoriston.

Glen Shiel

Von Loch Ness aus führt eine Fernstraße nach Westen über Fort Augustus oder Inveriston bis zur A87, einer beliebten malerischen Route, auf der man durch das schöne Glen Shiel zum Dorf Kyle of Lochalsh mit der mächtigen Skye Road Bridge gelangt.

Das vor einer Bergkulisse westlich des Glen Shiel am Nordufer des Loch Duich stehende **Eilean Donan Castle** entspricht genau den Vorstellungen vom romantischen Schloss. Man gelangt über eine schmale Steinbrücke zur Festung am Wasser. Die Burg wurde im 13. Jh. als Bollwerk gegen Wikingerangriffe erbaut. 1719 ließen die Engländer sie sprengen, und im 20. Jh. wurde sie restauriert – und als Kulisse für den Film *Highlander* und einen James-Bond-Film genutzt.

Wester Ross

Die traumhafte unberührte Region der Westküste (»Ross« bedeutet Landspitze) besteht aus gebirgigen Halbinseln, die durch fjordähnliche Lochs getrennt sind. Wester Ross erstreckt sich von Lochcarron nach Ullapool, wo die Fähren zu den Äußeren Hebriden und dem einsamen Fischerdorf Achiltibuie ablegen.

Die 30 km lange Fahrt von Lochcarron über die **Applecross Peninsula** kann einem den Atem rauben. Eine steile Straße führt nach Westen zum Bealach na Bà (»Rinderpass«) hinauf. Der Weg führt über haarsträubende Spitzkehren und zwischen einschüchternden Felsvorsprüngen hindurch bis auf 626 m Höhe – Sie befinden sich hier auf Schottlands höchster asphaltierter Straße.

Vom reizenden Fischerhafen Shieldaig aus zieht sich die A896 entlang dem Südufer des **Loch Torridon** auf das Gebirge zu. Die höchsten Gipfel sind Liathach (1054 m) und Beinn Alligin (984 m). Die roten Sandsteinhänge mit ihren Spitzen aus weißem Quarzit bilden eine dramatische Kulisse für das Dorf Torridon.

Loch Maree nördlich von Torridon – mit seinen waldigen Inseln und Naturschutzgebieten einer der schönsten Seen der Highlands – erreicht man am besten vom Dorf Kinlochewe aus. **Beinn Eighe** am Südufer des Sees war Großbritanniens erstes staatliches Naturschutzgebiet.

Gairloch ist dank seinen Sandstränden und einem Golfplatz im Sommer einer der beliebtesten Ferienorte in Wester Ross. Das Gairloch Heritage Museum gewährt u.a. Einblick in die Archäologie und Folklore der Region.

Loch Ewe genießt dank des Golfstroms ein ausgesprochen mildes Klima, und daher gedeihen im **Inverewe Garden** Pflanzen aus aller Welt. Die 20 ha große Gartenanlage durchwandert man auf einem verschlungenen Netz von Wegen. Der Landeigentümer Osgood Mackenzie ließ den Garten im 19. Jh. anlegen; es war nötig, dem Meer Land abzugewinnen und Erde aus Irland zu importieren. Der üppige Pflanzenreichtum bildet einen starken Kontrast zur rauen Felsküste.

Corrieshalloch Gorge, eine 1,5 km lange und 61 m tiefe Schlucht, liegt südlich von Braemore. Zu beiden Seiten des Abgrunds wachsen aus dem Fels Bäume und blühende Sträucher. Der River Broom, der sich in den **Wasserfällen von Measach** 46 m in die Tiefe stürzt, kann von der im 19. Jh. erbauten Hängebrücke aus oder von einer Aussichtsplattform bewundert werden.

Das 1788 am Loch Broom gegründete **Ullapool**, von dem die Fähren nach Stornoway und zu den Äußeren Hebriden ablegen, ist ein geschäftiger Fischerhafen. Von hier aus kann man Wanderungen in die Glens und Berge unternehmen oder Ausflüge auf dem Loch Broom, in der Annat Bay und zu den unbewohnten Summer Isles vor der Küste.

Oban

Mit Aufkommen der Dampfschifffahrt und – später – der Autofähren, die vom Festland aus zu den Inneren und Äußeren Hebriden verkehren, entwickelte

hemis.fr/Boisvieux

In der Whisky-Brennerei von Oban sind noch die Brennblasen aus dem 18. Jh. in Betrieb.

sich Oban zum größten Hafen der Westküste. Wer vor der Weiterreise Zeit hat, sollte das Wahrzeichen Obans besichtigen – die Nachbildung des römischen Kolosseums, die der Bankier John Stuart McCaig 1897 erbauen ließ, um arbeitslosen Steinmetzen eine Anstellung zu verschaffen und seiner Familie ein Denkmal zu errichten. Im Innern befindet sich nur ein grasbewachsener Hügel, doch der Aufstieg lohnt sich wegen der schönen Sicht auf die Stadt und die Bucht.

Glencoe

Das prachtvolle Tal von Glencoe in den Grampian Mountains eignet sich gut als Einstieg in die Highlands. Die idyllische Schönheit verstärkt die Tragik der Vorfälle, die sich hier vor über 300 Jahren ereigneten: 1692 wurden in der Fehde zwischen zwei Clans, den MacDonald und den regierungstreuen Campbell, 38 Mitglieder der MacDonald-Familie hinterhältig umgebracht. In Glencoe am Westende des Tals lohnt das Visitor Centre einen Besuch.

Devil's Staircase, die »Teufelstreppe« gehört zur aufgelassenen Militärstraße nach Kinlochleven, die in harter Arbeit von Regierungstruppen errichtet wurde. Der Weg beginnt neben dem Altnafeadh Cottage, 10 km östlich vom Besucherzentrum, und folgt dem ausgetretenen Zickzackpfad zum Gipfel. An diesen Pfad schließt ein weiterer Wanderweg an, der West Highland Way von Glasgow bis Fort William.

Fort William

Die 1655 zu Ehren Wilhelms von Oranien gegründete Garnisonsstadt ist dank ihrer schönen Lage am Ufer des Loch Linnhe und der Nähe zum Ben Nevis beliebt. Im **West Highland Museum** am Cameron Square erhält man eine gute Einführung in Geschichte und Alltag der Region.

Die Dampfloks des **Jacobite Steam Train** entlang dem Loch Eil bieten eine 2-stündige Fahrt durch einzigartige Landschaften. Dieser Zug spielte in den *Harry-Potter*-Filmen die Rolle des »Hogwarts Express«.

Großbritanniens höchster Berg **Ben Nevis** (1344 m) ist beliebt, hat aber seine Tücken. Auf dem Gipfel kann zu jeder Jahreszeit Schnee fallen; deshalb sollten Bergsteiger auch im Sommer gut ausgerüstet sein und nicht vom Wege abkommen. An klaren Tagen bietet sich eine einmalige Aussicht, besonders Richtung Süden zu den Gipfeln des Glencoe.

Road to the Isles

Die »Straße zu den Inseln«, ein 80 km langer Abschnitt der Fernstraße A830 von Fort William nach Mallaig, führt durch einige der schönsten Landschaften der Highlands. Sie zieht sich entlang dem gebirgigen Nordufer des Loch Eil zur Arisaig-Halbinsel und dann nordwärts Richtung Mallaig.

In **Glenfinnan**, einer bezaubernden Stelle am Kopfende des Loch Shiel, 30 km westlich von Fort William, war es, wo Bonnie Prince Charlie im August 1745 seine rot-weiße Seidenkokarde erhob – als Signal zum Jakobitenaufstand. Die Kampagne endete acht Monate später in Culloden in einer blutigen Niederlage. Das Glenfinnan Monument über dem Loch erinnert an die Gefolgsleute des Prinzen, die im Kampf umkamen.

Mallaig am Ende der Road to the Isles ist ein geschäftiger Fischerhafen, von dem die Fähren zur Insel Skye und den Äußeren Hebriden ablegen.

Aberdeen

Beginnen Sie Ihren Rundgang durch **New Aberdeen** (auch Central Aberdeen) in der **Union Street**. Die von stattlichen Granitbauten flankierte Geschäfts- und Einkaufsstraße zieht sich mehr als 1 km durch die Stadt.

An ihrem östlichen Ende geht sie in die **Castlegate** über, eher ein Platz als eine Straße. Einst bildete sie den Zugang zum (längst zerstörten) Schloss auf dem Hügel dahinter. Mitten auf der Castlegate steht das hübsche **Mercat Cross**, das Marktkreuz (1686) aus rotem Sandstein, das mit Porträts der schottischen Könige verziert und von einem Einhorn aus weißem Marmor gekrönt ist.

Das **Rathaus** (Town Hall) in der Union Street birgt das mittelalterliche Gefängnis **Tolbooth**, nun ein Museum (Juli/August). Auf der gegenüberliegenden Platzseite soll Maria Stuart mit Tränen in den Augen zugesehen haben, wie Sir John Gordon aus dem Tolbooth geführt wurde, um von der »Maiden«, Aberdeens Version der Guillotine, enthauptet zu werden. Zuvor hatte er erfolglos versucht, die Königin zu heiraten.

In einem Hof an der Broad Street finden Sie **Provost Skene's House** (1545), das älteste Wohnhaus Aberdeens, jetzt ein mit der Eleganz des 17. Jh. ausstaffiertes Museum. Von der **Kirche St. Nicholas** an der Union Street ertönt im Sommer das größte Glockenspiel in Großbritannien.

Mit seiner von korinthischen Säulen geschmückten Fassade bildet das klassizistische Gebäude am Schoolhill einen schönen Rahmen für die **Aberdeen Art Gallery**. Die Sammlung umfasst britische und schottische Künstler (Raeburn, McTaggart, Ramsay, Reynolds), französische Maler (Courbet, Monet, Pissarro, Renoir) und Kunstschaffende des 20. Jh. (Francis Bacon, Ben Nicholson und Barbara Hepworth).

Die Altstadt, **Old Aberdeen**, hat ihren mittelalterlichen Charme bewahrt: Kopfsteinpflaster, grüne Rasenflächen und alte Häuser, die der Turm des King's College und die Türme der Kathedrale St. Machar's überragen.

Bischof Elphinstone gründete 1494 das **King's College**. Der **Kronenturm** wird von einer markanten Spitze abgeschlossen. Der Turm steht neben der **Kapelle**, die wegen der Holzdecke und den Schnitzereien an Wand und Chorgestühl bemerkenswert ist.

Die **St. Machar's Cathedral** (15. Jh.) steht am Ort einer früheren normannischen Kirche. Der Legende nach gründete der hl. Machar an dieser Stelle Aberdeen. Dank massiver Granitmauern und

istockphoto.com/McGill

Speisekarte

Der legendäre ***haggis*** wird mit Schafsinnereien, Hafermehl und Rinderfett zubereitet und in einem Schafsmagen gekocht. Dazu gibt es *chappit tatties and bashed neeps* – Kartoffel- und Rübenbrei. Das Fleisch der Aberdeen-Angus-Rinder ist ausgezeichnet. Beim *Scotch beef Hramsa* handelt es sich um ein Rinderfilet, das mit Leber, Schinken und dem scharfen Hramsa-Käse mit Knoblauchgeschmack zubereitet wird.

Schottlands Nationalgetränk ist der Whisky, auf Gälisch *uisge beatha* – »Lebenswasser«.

Öffnungen unter den Zinnen, aus denen man heißes Blei auf Invasoren hinuntergoss, ist dies ein Glanzbeispiel einer europäischen Festungskirche.

Ein Spaziergang von der Kathedrale durch den **Seaton Park** bringt Sie zur **Brig o'Balgownie** von 1329, Schottlands ältester begehbarer Brücke, die mit einem einzigen gotischen Bogen den Don überspannt.

Ausflüge von Aberdeen

Fahren Sie durch das liebliche Tal des **Dee** zum Königsschloss von **Balmoral**. Das Tal, das sich von Aberdeen bis zu den Cairngorm-Bergen erstreckt, wird auch »Royal Deeside« genannt. Königin Viktoria verbrachte oft ihre Ferien auf dem Schloss, nachdem ihr Gemahl Albert den riesigen Landsitz 1852 gekauft und zum Herrensitz umgebaut hatte.

Hinter Balmoral liegt mitten in majestätischer Landschaft **Braemar**. Jedes Jahr am ersten Samstag im September ist der Ort Schauplatz eines Festivals mit schottischer Musik, Tanz und sportlichen Wettkämpfen – dies bereits seit 1832.

In den Hügeln nördlich des Dee ist bei **Craigievar** eines der schönsten Schlösser Schottlands zu sehen. Das schlanke fünfstöckige Gebäude (1626) mit Türmchen und Kuppeln ist ein Meisterwerk schottischer Architektur.

Nordküste

Die Landschaft, die die Straße nördlich von Ullapool auf dem Weg in den hohen Norden Großbritanniens durchquert, gehört zu den spektakulärsten Schottlands: ausgezackte Gipfel, die aus dem Moorland aufragen, malerische Ortschaften in abgeschiedenen Tälern, Fischerdörfchen an stillen Sandbuchten.

Die einspurige Küstenstraße mit faszinierenden Steilwänden und Felssäulen vor der Küste führt nach Kylesku, wo eine moderne Straßenbrücke die Mündungen von Loch Glencoul und Loch Glendhu überspannt.

Thurso ist die einzige größere Siedlung an der Nordküste. Die St. Peter's Church ist einen Besuch wert. 2009 wurde Caithness Horizons im alten Rathaus eröffnet; das moderne Museum zeigt Exponate zu Archäologie und Geologie. Von Scrabster aus gibt es Fährverbindungen zu den Orkney-Inseln.

Castle of Mey, das nördlichste Schloss auf dem britischen Festland, steht an der Straße nach **John O' Groats**. Diese unbedeutende Ortschaft an der Nordostspitze des britischen Festlands liegt 1398 km von Land's End an der Südwestspitze von Cornwall entfernt. Hier im Norden laden das »Last House« und sein kleines Museum zum Besuch ein. Der nördlichste Punkt des schottischen Festlands ist **Dunnet Head** mit einem Leuchtturm und militärischen Bauten; weiter östlich in **Duncansby Head** wartet eine grandiose Steilküste.

Innere und Äußere Hebriden

Die von Wind und Wellen gepeitschten Hebriden, die sich in einem weiten Bogen vor Schottlands Westküste dahinziehen, umfassen mehr als 500 Inseln und felsige Klippen, von denen nur etwa 80 bewohnt sind. Skye und die benachbarten Äußeren Hebriden (englisch *Western Isles*) sind bei gewöhnlichen Touristen ebenso beliebt wie bei Wanderern, die die Einsamkeit der Hügelwelt suchen.

Mull

Auf der gastfreundlichen Insel Mull wechseln reizvolle Fischerdörfer in geschützten Häfen mit ausgezackten Küstenstrichen, grünen Hügeln und kahler Moorlandschaft ab. Das gebirgige Inselinnere erreicht seinen höchsten Punkt mit dem Ben More (966 m). In Craignure an der Ostküste legt die Fähre aus Oban an.

Eine Schmalspurbahn (Mull Railway) führt von Craignure südlich zum **Torosay Castle**, das 1858 errichtet und innen mit edwardianischem Mobiliar und viktorianischen Bildern ausgestattet wurde. Noch schöner als das Schloss sind die ausgedehnten terrassierten Gartenanlagen mit Statuen des Italieners Antonio Bonazza (18. Jh.), die sich bis zum Meer hinunterziehen.

In **Tobermory**, der Hauptstadt im Nordwesten der Insel, reihen sich am Hafen Häuser, Läden, Hotels und Pubs, deren bunte Farben mit dem Rosa, Blau und Gelb der Jachten und kleineren Boote wetteifern. Blütenweiße Gebäude krönen den waldigen Hang hinter dem Hafen. Im 18. Jh. scheiterte das Vorhaben, aus Tobermory ein Zentrum der Heringsfischerei zu machen; doch die Inselhauptstadt scheint sich mit ihrer Rolle als Urlaubsort gut abgefunden zu haben. Im Museum von Mull in der Main Street erfährt man mehr über die Geschichte der Insel, während die winzige Brennerei Führungen und Kostproben des Single Malt anbietet. Ein Teil des Whiskys wird für die Pralinen der Tobermory Chocolate Company abgezweigt.

Eine einspurige Nebenstraße zieht sich westlich von Tobermory durch eine zauberhafte Landschaft aus grünen Wiesen und blauen Seen, hügelauf- und -abwärts bis ins 12 km entfernte idyllische **Dervaig** am Loch a' Chumhainn. Beidseits der 1799 angelegten Main Street von Dervaig stehen hübsche weiße Häuser. Die Hauptattraktion des Ortes ist das seit 1966 in einer früheren Kutschenstation untergebrachte

Little Theatre. Das wahrscheinlich kleinste professionelle Theater Großbritanniens hat 43 Plätze und geht regelmäßig auf Tournee nach Edinburgh und Glasgow.

Westlich von Dervaig liegt **Calgary**, ein winziges Dorf mit dem schönsten Strand der Insel. Die bekannte kanadische Stadt Calgary wurde nicht von schottischen Emigranten besiedelt, sondern erhielt ihren Namen 1876 von einem Leutnant der North West Mounted Police, der das Gut seiner Vettern an der Calgary Bay auf Mull besucht hatte.

Iona und Staffa

Die Fähre legt im Hafen von **Baile Mór** auf der kleinen Insel vor der Südwestspitze Mulls an. Von dort strömen jedes Jahr Tausende von Pilgern zum **Kloster**, das der hl. Columban 563 hier gründete. Dieser irische Mönch soll Schottland und große Teile Nordenglands zum Christentum bekehrt haben. Die heutige Abtei nördlich des Hafens wurde um 1200 von Benediktinermönchen gestiftet und im 15. Jh. erneuert.

Auf die unbewohnte Insel **Staffa** westlich von Mull gelangt man mit der Fähre von Dervaig und dem Hafen Ulva Ferry aus. Staffa, vom nordischen Wort für »Säulen« abgeleitet, ist für seine Felswände aus schwarzem Basalt berühmt. Die beeindruckenden Säulen um die **Fingal's Cave** inspirierten Felix Mendelssohn zu seiner berühmten *Hebriden-Ouvertüre* (der Komponist hatte Staffa im Jahr 1829 besucht) und William Turner zu einem Gemälde. Fingal war ein keltischer Sagenheld.

flickr.com/Everjean

Beim Fleischer auf Mull schmeckt's sogar dem Highland-Rind ...

Skye

Skye ist die größte Insel der Inneren Hebriden, die der Nordwestküste Schottlands vorgelagert sind.

Das älteste Gebäude des Hauptortes **Portree**, das **Meall House** aus dem Jahre 1720, überblickt den Hafen. Einer der schönsten Ausflüge von Portree aus führt auf einer 90 km langen Strecke rund um die nördliche **Halbinsel Trotternish**. Nehmen Sie die östliche Straße entlang dem 16 km langen Bergkamm **The Storr**, an dem riesige Felsbrocken wie der stolze, 45 m hohe *Old Man of Storr* über wilde, einsame Spitzen wachen.

Auf dem nördlichen Zipfel der Halbinsel finden Sie die finsteren Überreste des **Duntulm Castle**. Hier wurde im 17. Jh. der Pirat Hugh Gillespie vom Anführer des MacDonald-Clans mit einem Stück Pökelfleisch und einem leeren Wasserkrug lebendig in einem Kerker eingemauert.

Das Innere der Halbinsel bestimmt der **Quiraing**, eine Gebirgslandschaft aus Basalttürmen und Felszacken, wo die Wunderheiler einst ihre Zauber- und Heilkräuter sammelten. Ein paar dieser Pflanzen sind im **Skye Museum of Island Life** von Kilmuir zu sehen. Auf dem Friedhof in der Nähe ist die Retterin von Bonnie Prince Charlie begraben. Das keltische Kreuz des **Denkmals für Flora MacDonald** überragt bescheidenere Grabsteine.

Nehmen Sie zwischen Uig, dem Hafen der Fährverbindung zu den Äußeren Hebriden, und Portree die kleine Straße zur Linken, so gelangen Sie zu einem wahren Zaubertal, dem **Fairy Glen**. Die fantastisch anmutenden Felsen und Höhlen lassen einen gerne glauben, dass sich hier die Heimat der Feen befindet.

Die Fahrt von Portree aus nach Westen bringt Sie zur Bucht **Loch Snizort Beag**. In welliger Moorlandschaft liegen zwischen Hügeln und Felsen einsame Weiler. An der **Fairy Bridge** treffen drei Straßen und drei Flüsse aufeinander. Hier soll die Frau eines MacLeod-Oberhaupts verschwunden sein, eine Fee, um ins Land ihrer Gefährtinnen zurückzukehren.

Die graue Steinmasse von **Dunvegan Castle**, dem Hauptsitz der MacLeods, wacht seit mehr als 800 Jahren über Loch Dunvegan. In dem restaurierten Schloss sind

laif/Krinitz

Einkaufstipps

Wolle ist das Grundmaterial für Schottlands berühmte und traditionsreiche Stoffproduktion. Die Tweedstoffe kommen aus der Südostprovinz Borders und von den Hebriden. Außerdem gibt es Wollstoffe mit den typischen Karomustern, den *tartans*. Die Stoffe werden zu Schals, Decken, Röcken und Kilts verarbeitet. Die Designer kreieren laufend neue Muster. Gute Mitbringsel sind auch Shortbread, Marmelade, geräucherter Lachs und Scotch Whisky.

Andenken an den Clan zu sehen. Auf der Rückfahrt von Dunvegan nach Portree sehen Sie die ruhigen Wasser des **Loch Bracadale**, in dem Sie Robben beobachten können. Die von grünen Hügeln umgebene Bucht ist einer der besten Naturhäfen von Skye.

An den Ufern des Loch Harport sollten Sie die **Talisker Distillery** besuchen, Skyes einzige Whiskybrennerei.

Südlich von Portree liegt die Gebirgslandschaft **Cuillins**. Die Red Cuillins aus glattem rosa Granit bilden einen schönen Kontrast zum dunklen ausgezackten Gestein der Black Cuillins.

Die **Halbinsel Sleat** an der äußersten Südspitze der Insel wird zu Recht als Garten von Skye bezeichnet.

Was Dunvegan für die MacLeods, das ist **Armadale Castle** an der Südostküste für die MacDonalds von Sleat. Schon seit Generationen lebt der Clan hier. Im Park des neugotischen Schlosses von 1815 können Sie ein interessantes Museum besuchen.

Lewis und Harris

Vor der Nordwestküste Schottlands liegt eine vom Atlantik zerzauste Inselgruppe – die vom Festland durch den Minch abgetrennten Äußeren Hebriden. Die rauen Landschaften gehören zu den schönsten Westeuropas. Nur zwölf der über 20 Inseln sind bewohnt, die größte setzt sich aus zwei Teilen zusammen: Lewis im Norden und Harris im Süden (dies ist die Heimat des berühmten Harris-Tweeds). Hier sind die Straßenschilder auf Gälisch beschriftet.

Auf Lewis gibt es wenig bebaubares Land und kaum Bäume; über dem Lewis-Gneis liegt eine dicke Schicht Torf. Der Golfstrom hält zwar Schnee und Frost fern, doch die Bewohner hüllen sich wie die Schafe fast das ganze Jahr in Wolle ein. Klippen und Fjorde, Buchten und Sandstrände sorgen an der Küste für ein fantastisches Landschaftsbild, das sich nach jeder Wegbiegung ändert. Im Inselinnern ist die wellige Heide von forellenreichen Süßwasserseen durchsetzt, auf der spärlichen Grasnarbe weiden Hochlandrinder.

An der Atlantikküste von Harris liegen die sogenannten *machair*: flache, von Wildblumen und Gras bedeckte Landstreifen, die von weißen Stränden aus Muschelscherben gesäumt sind.

In **Tarbert**, dem größten Ort auf Harris, legen die Fähren nach Skye und North Uist ab.

Das schlichte, aber reizvolle **Stornoway** (rund 6000 Einwohner) an der Ostküste von Lewis schmiegt sich in den geschützten Hafen, dem das Städtchen den Namen verdankt: Stornoway ist das altnordische Wort für »Ankerbucht«. Hier ist die größte noch aktive schottische Fischereiflotte beheimatet.

Das beeindruckendste Bauwerk von Stornoway ist **Lews Castle**, ein ehrwürdiger viktorianisch-gotischer Bau (1847). Das Schloss war Hauptresidenz der Familie Matheson, bis Lord Leverhulme 1918 die Insel kaufte. Er vermachte das trutzige Gebäude 1923 den Einheimischen; im 2. Weltkrieg wurde es als Lazarett genutzt. Heute beherbergt es ein College, das als Teil der Universität des Hochlandes und der Inseln zunehmend an Bedeutung gewinnt.

Auf Lewis gibt es mehrere interessante Ausflugsmöglichkeiten. Nehmen Sie zum Beispiel von Stornoway aus die Straße nach Norden, und fahren Sie dann nach Osten die Küste entlang zum **Butt of Lewis**. An klaren Tagen erkennt man die 65 km entfernten Gipfel des schottischen Festlandes.

In **Carloway** stehen die Ruinen des 9 m hohen runden Wehrturmes *broch*, der auf das 4. Jh. v. Chr. zurückgeht, und nahe beim East Loch Roag befinden sich die in Kreuzform angeordneten **Standing Stones** von **Callanish**. Die 47 grauen Monolithe aus Lewis-Gneis sind älter als jene von Stonehenge und dienten möglicherweise der Zeitberechnung und Sonnenverehrung.

Orkneyinseln

Von den 67 Inseln des Orkneyarchipels, der 32 km nördlich des schottischen Festlands liegt, sind nur 20 bewohnt. Die meisten der 20 000 Orkadier (von Orcades, dem alten Namen des Archipels) leben auf der Hauptinsel Mainland. Die Hauptstadt Kirkwall nimmt eine Landenge zwischen East Mainland und dem größeren West Mainland ein. Alle Sehenswürdigkeiten sind vom Fährhafen Stromness aus gut erreichbar.

Stromness

Der **alte Hafen** an der geschützten Bucht Hamnavoe ist mit seinen Sandsteinpiers, Privatwerften und Häusern mit Schieferdächern die Hauptattraktion der Stadt. Die Hudson's Bay Company errichtete hier 1670 eine Niederlassung und warb Seeleute für den Handel mit Kanada an. Das **Lagerhaus** beim neuen Fährterminal zeugt von der damaligen wirtschaftlichen Blüte.

Die am Ufer entlang verlaufende Hauptstraße änderte rund sechsmal ihren Namen. Die **Kanone** an ihrem Südende wurde abgefeuert, sobald ein Schiff der Handelsgesellschaft in Sicht kam.

Das **Stromness Museum** in der Albert Street zeigt eine bunte Sammlung von Relikten aus Schiffbrüchen, darunter jene der deutschen Kriegsflotte, die 1919 in der Bucht von Scapa Flow versenkt wurde. Das ambitionierte **Pier Arts Centre** – Partner der Tate Gallery – in der Victoria Street stellt Werke schottischer und anderer britischer Künstler aus.

Im Osten des Hafens winden sich enge Gassen den Hügel Brinkies Brae hinauf; eine davon, mit hohen Mauern, ist als **Khyber Pass** bekannt.

Stenness und Brodgar

Der **Steinkreis von Stenness** nordöstlich von Stromness (an der A965 nach Kirkwall) bestand ursprünglich aus zwölf Monolithen; vier davon stehen noch. Der größte davon (aus der Zeit um 3000 v. Chr.) ist beinahe 6 m hoch und über zwei Dämme zugänglich.

Östlich des Steinkreises führt ein Weg zum **Barnhouse Settlement**, dem Überrest einer steinzeitlichen Siedlung. Archäologen zufolge wurden die Bauten kurz nach ihrer Erstellung zerstört; man vermutet, dass sie von Arbeitern bewohnt waren, die sie verließen, nachdem sie die Standing Stones von Stenness fertiggestellt hatten.

Ein Stück weiter nordwestlich steht ein einzelner Monolith, der imposante **Watch Stone** (6,5 m); dahinter gelangt man zum **Ring of Brodgar** (2500 v. Chr.). Dieser Steinkreis steht auf einem natürlichen Damm, der den Salzwassersee Loch Stenness (im Westen) vom Süßwassersee Loch Harray (im Osten) trennt.

Maeshowe

Die Grabkammer von Maeshowe liegt nur ein Stück nordöstlich der Steine von Stenness; sie wird auf die Zeit um 2700 v. Chr. datiert und ist damit mindestens so alt wie die erste ägyptische Pyramide. Der gut erhaltene monumentale Grabhügel gilt als einer der bedeutendsten Europas. Das Grab ist so ausgerichtet, dass am Tag der Wintersonnenwende die letzten Sonnenstrahlen direkt über die Spitze des einsam in der Nähe stehenden Barnhouse-Monolithen in die Maeshowe-Passage fallen und die innere Grabkammer erleuchten.

Die erst 1861 entdeckte Stätte war zuvor von Grabräubern geplündert worden; man fand im Innern nur Reste eines menschlichen Schädels und ein paar Pferdeknochen. Im 12. Jh. ließen Wikinger Runen-Inschriften zurück.

Skara Brae

Die faszinierenden Überreste des 5000 Jahre alten Bauern- und Fischerdorfes Skara Brae, der besterhaltenen prähistorischen Fundstelle Europas, erheben sich über der Skaill Bay. Die Inneneinrichtung der zehn Häuser der Siedlung – samt Feuerstellen, steinernen Bettkästen, Anrichten und Vorratsschränken – blieb erhalten. Um 3100 v. Chr. stand Skara Brae noch im Landesinneren und nicht wie jetzt an der Bucht.

Steilklippen von Yesnaby

Eine schöne Wanderung führt südlich der Bay of Skaill entlang der Steilküste zu den spektakulären Sandsteinklippen mit imposanten Felsformationen wie dem **Yesnaby Castle**.

Brough of Birsay

Auf der Gezeiteninsel Birsay vor der Nordwestküste von West Mainland gibt es Überreste einer alten Pikten- und späteren Wikinger-Siedlung. Die Pikten lebten im 7. und 8. Jh. hier; die meisten ihrer Gebäude liegen jedoch unter den **Sandsteinhäusern** der Wikinger (9.–13. Jh.). Besondere Beachtung verdient die **St. Peter's Church** (12. Jh.), in der die Wandvertiefungen für die Altäre, die Apsis und die Steinsitze noch sichtbar sind. Der Aufstieg zum **Leuchtturm** wird mit einem großartigen Blick auf die Atlantikküste belohnt.

Kirkwall

Die Hauptstadt der Orkneyinseln steht an der Landenge, wo sich West und East Mainland treffen und wirkt sehr skandinavisch. Der moderne Hafen, von dem die Fähren zu den nördlichen Inseln ablegen, ist nicht so pittoresk wie der von Stromness, hat aber zwei mittelalterliche Bauten, die **St. Magnus Cathedral** und den Earl's Palace.

Die 1137 begonnene Kathedrale, ein roter Sandsteinbau, gilt als eine der ersten romanischen Kirchen Schottlands. Man steigt über eine enge Wendeltreppe in die »höheren Sphären«, wo das monumentale Westfenster zu bewundern ist. Denkmäler in der Südostecke des Gotteshauses ehren Schriftsteller Orkneys.

Der **Earl's Palace** wurde 1607 von Earl Patrick Stewart in Auftrag gegeben. Der Palast ist zwar eine Ruine, aber auch ein Glanzstück der Renaissancearchitektur. Das **Tankerness House** (16. Jh.) gegenüber der Kathedrale beherbergt das **Orkney Museum**, das sich der Historie der Inseln widmet.

East Mainland

Der östliche Teil von Mainland ist vor allem ein landwirtschaftliches Gebiet mit ein paar Fischerorten. Auf Wanderungen entlang der Steilküste um Mull Head lässt sich die Vogelwelt beobachten.

Seit dem Zweiten Weltkrieg sind die Inseln im Süden von East Mainland durch vier Dämme verbunden, die sogenannten **Churchill Barriers**. Diese Verteidigungsanlagen wurden errichtet, um die britische Flotte in der Bucht von Scapa Flow zu schützen, nachdem ein deutsches U-Boot im Oktober 1939 die *HMS Royal Oak* torpediert hatte.

Lambholm

Auf der ersten über die Churchill Barriers mit East Mainland verbundenen winzig kleinen Insel Lambholm steht die **Italian Chapel**. Sie wurde von italienischen Kriegsgefangenen erbaut, die 1942 nach ihrer Festnahme in Nordafrika auf die Orkneys gelangt waren. Während des Dammbaus schufen sie – unter Verwendung überschüssigen Zements und anderer Materialien – aus zwei Wellblechbaracken die Kapelle. Domenico Chiocchetti aus dem norditalienischen Dorf Moena entwarf u. a. die prachtvolle Fassade im Trompe-l'œil-Stil. Das Reiterstandbild des hl. Georg mit dem Drachen fertigte Chiocchetti aus Stacheldraht und Zement an.

istockphoto.com/Shearer

Klein, robust und ziemlich niedlich: das Shetlandpony.

Shetlandinseln

Die Landschaft ist felsig, die Küste durch steile Klippen und sanfte Buchten geprägt, während im wildromantischen Landesinneren Schafe an grünen Hügelhängen weiden. Die Buchten *(voes)* reichen so weit ins Innere, dass man auf Shetland nirgends mehr als 5 km vom Meer entfernt ist. Wie auf den Orkneyinseln wachsen wegen der stürmischen Winde wenige Bäume; dennoch sind die Temperaturen dank dem Einfluss des *North Atlantic Current* – einer »Fortsetzung« des Golfstroms – erstaunlich mild.

Von den etwas mehr als 100 Inseln sind nur 15 bewohnt, und insgesamt zählt Shetland um die 22000 Einwohner. Die meisten leben auf der Hauptinsel Mainland, auf der sich Lerwick und die bedeutendsten archäologischen Stätten befinden. Am Nordende von Mainland liegt der Ölhafen **Sullom Voe**, wo Shetland die Erdölreserven der Nordsee anzapft. Die Südspitze nimmt der Flughafen **Sumburgh** ein.

Lerwick

Die einladende Hauptstraße heißt **Commercial Street**, wird aber von den Einheimischen nur *da Street* genannt, genauso wie sie ihre

Hauptstadt als *da Toon* bezeichnen. Sie zieht sich parallel zum Hafen; die meisten Häuser und Villen der Kaufleute (samt Speichern), sogenannte *lodberries*, sind an ihrem Südende zu finden. Auf ihren Privatpiers, die sich vom Haus zum Ufer zogen, handelten die Kaufleute mit holländischen Heringsbooten – dieser Handel lag der Stadtgründung im 17. Jh. zugrunde.

Etwas weiter südlich liegt die schöne **Bain's Beach**.

Ausgehend von da Street führen schmale Gassen *(closses)* hügelaufwärts zu der im 19. Jh. erbauten Neustadt, über der sich das **Rathaus** erhebt. Nördlich von hier bietet sich vom **Fort Charlotte** (größtenteils aus dem 18. Jh.) ein guter Blick auf den Hafen. In einem denkmalgeschützten Gebäude am Hay's Dock befindet sich das **Shetland Museum**, das in zwölf Sektionen die Insel- und Seefahrtsgeschichte behandelt.

Scalloway

10 km westlich von Lerwick liegt das stille Fischerdorf Scalloway, die erste Hauptstadt Shetlands. Die Ruine von **Scalloway Castle** überblickt den Hafen; Earl Patrick Stewart ließ die Burg 1600 durch Zwangsarbeiter errichten. In der Castle Street erzählt das **Scalloway Museum** die Geschichte des Shetland Bus – so hießen die norwegischen Fischerboote, die im Zweiten Weltkrieg die norwegischen Widerstandskämpfer mit Gewehren und Munition versorgten und dann mit Flüchtlingen ins sichere Scalloway zurückkehrten.

Broch of Mousa

Auf der Insel Mousa vor der Südostküste von Mainland, 24 km südlich von Lerwick, steht ein 2000-jähriger **Wehrturm**, der einer der höchsten und besterhaltenen Schottlands ist.

Jarlshof

Die prähistorische Siedlung am Sumburgh Head an Mainlands Südspitze verdankt den Namen Jarlshof Walter Scott, der im Roman *Der Pirat* das hier stehende Gutshaus der Stewarts so nannte. Dieser Bau aus dem 17. Jh. war als Einziger sichtbar, bis Ende des 19. Jh. heftige Stürme die Torf- und Sandschichten wegfegten und Reste von Rundhäusern freilegten – die teilweise bis auf 2500 v. Chr. zurückgehen.

Fair Isle

Mit einer Fläche von 8 km^2 liegt »die Schöne« zwar näher an Orkneys North Ronaldsay, gehört aber zu den Shetlands. Besucher kommen nicht nur wegen des 1948 gegründeten Vogelreservats auf die Fair Isle (die Insel bildet eine wichtige Station für Zugvögel), sondern auch wegen der Strickwaren mit Streifenmuster.

PRAKTISCHE HINWEISE

Besucherpässe. Sowohl in Edinburgh als auch in Glasgow gibt es solche Karten: Der *Edinburgh Pass*, 1 bis 3 Tage gültig, berechtigt zur kostenlosen Nutzung des Flughafen-Shuttles und gewährt Eintritt zu rund 30 Museen und Attraktionen. Zudem profitieren Sie von Ermäßigungen bei Führungen und in verschiedenen Läden, Restaurants und Bars. Mit dem *Pass Glasgow Rennie Mackintosh* können Sie 11 mit Mackintosh verbundene Attraktionen umsonst besuchen sowie Busse und U-Bahn kostenlos benutzen.

Geld. Großbritannien hat trotz EU das *pound sterling* (£), unterteilt in 100 *pence* (p), als Währung beibehalten. Drei schottische Großbanken geben eigene Noten heraus – im Wert von £1, £5, £10, £20, £50 und £100. Sie werden nicht überall in Großbritannien akzeptiert, können aber in allen Banken in englische Pfund getauscht werden. Münzen sind im Wert von 1, 2, 5, 10, 20 und 50 Pence sowie £1 und £2 im Umlauf.

Klima. Am ehesten lässt sich das schottische Klima als launisch bezeichnen. Vom Atlantik her kommen Regen und Wind, der Golfstrom ermöglicht aber auch milde Temperaturen. An der Westküste herrscht dadurch zwar feuchteres, jedoch wärmeres Wetter als an der Ostküste. Die beste Reisezeit ist im Mai und Juni. Die wärmsten Monate sind Juli und August mit einer Durchschnittstemperatur von 18 °C in Edinburgh. Im Norden können Mücken zur Plage werden. Im September und Oktober ist es mitunter schön sonnig, doch kann bereits die Regenzeit beginnen. Warme, wasserdichte Kleidung und ein Schirm leisten immer gute Dienste.

Kreditkarten und Reiseschecks. In den meisten Restaurants und Hotels kann mit den üblichen Kreditkarten bezahlt werden. Reiseschecks lassen sich auf Vorlegen Ihres Reisepasses ganz einfach einlösen.

Stromspannung. 230 Volt. Allerdings benutzt man ein Steckerformat für dreipolige Steckdosen *(socket)*. Ein Adapter ist notwendig.

Trinkgeld. In den Restaurants gibt man 10–15% *tip* (Trinkgeld), wenn die Bedienung nicht schon im Rechnungsbetrag inbegriffen ist, in Pubs legt man nur etwas dazu, wenn am Tisch bedient wird. Taxifahrer und Friseure erwarten rund 10%. In öffentlichen Toiletten gibt man meist 10 p, dem Kofferträger 1£ und dem Zimmerpersonal im Hotel etwa 1£ pro Tag.

Zeit. In Großbritannien gilt die *Greenwich Mean Time* (GMT). Dieser Zeit ist unsere Mitteleuropäische Zeit (MEZ) eine Stunde voraus.

Irlands Nationalsymbol: Shamrock

INHALT

Irland

Extras

Stadtpläne

Faltkarte I

Irland

»Grüne Insel«

Keltisches Erbe

Fröhlich-irischer *craic*

IRLAND

Auch wer zum ersten Mal nach Irland reist, wird sich bald wie zu Hause fühlen – der Empfang Fremden gegenüber ist warmherzig. Naturgemäß spielt in Irland das Wasser eine wichtige Rolle. Kein Ort auf der »Grünen Insel« ist mehr als 112 km vom Meer entfernt, und meist ist einer der rund 12 000 Seen in Sichtweite.

Dublin

Irlands Hauptstadt hat in den 1990er-Jahren vom Wirtschaftsboom profitiert. Lange vernachlässigte Viertel wurden durch ehrgeizige Projekte wiederbelebt und Gebäude aus dem 18. Jh. neu und einfallsreich genutzt. Die Kehrseite der Medaille zeigte sich 2008, als die Krise das Land erschütterte. Die Zukunft der jungen, kosmopolitischen Bevölkerung ist unsicher – aber die Stimmung in Pubs und Cafés ist so herzlich wie eh und je, und der Tourismus blüht. Dublin lässt sich am besten zu Fuß erkunden.

Stadtzentrum

Die Hauptachse, die **O'Connell Street**, ist der Stolz der Dubliner und ein dauerhaftes Andenken an die weitsichtigen Städtebauer des 18. Jh. Sie ist 45 m breit – und ebenso geradlinig wie die Gesinnung des Father Theobald Mathew, eines Priesters, der im 19. Jh. als Apostel der Abstinenz bekannt war. Sein Denkmal steht mit drei anderen auf der baumbestandenen Insel zwischen den beiden Fahrbahnen. Am nördlichen Ende befindet sich jenes von Charles Stewart Parnell (1846–91), dem Führer der Home Rule League, und im Süden der Straße, gegenüber der O'Connell Bridge, wird Daniel O'Connell (1775–1845), der »Befreier«, mit einem Standbild geehrt.

Eines der Wahrzeichen der O'Connell Street ist das imposante **General Post Office**. Es ist nicht nur Hauptpostamt, sondern diente den Rebellen 1916 während des Osteraufstandes als Hauptquartier. Bei den Kämpfen wurde das Gebäude stark beschädigt. Eine Gedenktafel an der Fassade und eine Statue in der Halle erinnern an das Ereignis.

Früher stand in der O'Connell Street auch eine Nelson-Säule, zum Gedenken an den britischen

Admiral Lord Nelson. 1966 wurde dieses »Zeichen der Besatzung durch die Engländer« von einer IRA-Bombe zerstört. Seit 2003 befindet sich nun ein anderes Monument genau an dieser Stelle: **The Spire** (oder Monument of Light), eine 120 m hohe Stahlnadel, Dublins Wahrzeichen des dritten Jahrtausends.

Von der breiten dreibogigen Brücke schweift der Blick den **Liffey** auf- und abwärts. Im Osten ragt die kupferne Kuppel des majestätischen **Custom House** auf, dem Hauptzollamt aus dem 18. Jh. Wie manches andere Gebäude am Ufer des Liffey wurde es im Bürgerkrieg 1921 fast ganz zerstört, aber später vollständig restauriert. Die Gegend vom Custom House bis zu den Docks, einst ein Niemandsland, hat sich in den 1990er-Jahren zum Finanzviertel gemausert.

Es überrascht, dass der weiße Monumentalbau am südlichen Flussufer gegenüber dem College Green Sitz der **Bank of Ireland** ist. Errichtet wurde er im 18. Jh. für das irische Parlament. Nach dessen Auflösung 1800 zog die Bank in das mit einem Portikus von ionischen Säulen geschmückte Gebäude ein. Das einstige House of Commons wurde in Büros aufgeteilt, doch das House of Lords kann besichtigt werden.

Hinter dem geschwungenen Gitter am Eingang zum **Trinity College Dublin** (TCD) stehen die Statuen zweier berühmter Schüler, des Philosophen Edmund Burke und des Dramatikers Oliver Goldsmith. Das 1592 von Elisabeth I. gegründete College ist eine Insel der Ruhe mitten in der betriebsamen Stadt. Jahrhundertelang war es eine rein protestantische Einrichtung; noch 1956 untersagte Rom den jungen Katholiken den Besuch, der als »Todsünde« galt. Heute ist das TCD allen Studierenden und auch Besuchern zugänglich.

Die Anlagen zeugen vom ästhetischen Geschmack des 18. Jh.: gepflasterte Wege, gepflegter Rasen, schöne alte Bäume, Statuen und harmonische Bauten.

Die prächtige **Old Library**, die 1712–32 erbaut wurde, bestand einst einzig aus den offenen Kolonnaden im Erdgeschoss und dem Long Room mit der gewölbten Holzdecke, in dem die eigentliche Bibliothek untergebracht war. Als sie 1801 den Status einer *copyright library* erhielt, die von jedem in Großbritannien und Irland publizierten Buch ein Exemplar bekommt, wuchs der Platzbedarf enorm. Zuerst wurde der Long Room mit weiteren Bücherregalen versehen, in denen 200 000 der ältesten Bände untergebracht sind. Dann ließ man die Kolonnaden mit Mauern umgeben, um mehr Platz zu schaffen. Heute findet man dort eine Ausstellung sowie – in gedämpftem Licht – das **Book of Kells** aus dem frühen 9. Jh. Dieses wichtigste Exemplar irischer Illuminationskunst ist eine lateinische Handschrift mit den vier Evangelien. Die verzierten Initialen, die fantasievolle Ornamentik und besonders die Heiligendarstellungen in diesem kostbaren Relikt irischer Geschichte sind einzigartig.

Wenn man das Trinity-College durch den Haupteingang verlässt und links in die **Grafton Street** einbiegt, fällt der Blick auf die Statue der Molly Malone mit einem Karren voller Muscheln; sie wird in einem alten Volkslied besungen. Sie befinden sich hier in der Haupteinkaufszone.

Die Grafton Street führt zum **St. Stephen's Green**, einer schön gestalteten Parkanlage. Unter den Standbildern befinden sich Sir Arthur Guinness, der Stifter des Parks, W. B. Yeats von Henry Moore und eine Büste von James Joyce.

Von den vielen georgianischen Bauten, die einst Dublins Straßen und Plätze säumten, haben nur wenige überlebt und dienen heute als Geschäftshäuser. Einen Eindruck ihrer großzügigen Innenausstattung vermittelt das **Newman House** am Stephen's Green 85–86. Am eher kleinen **Fitzwilliam Square** (1825) östlich davon sehen Sie ebenfalls einige gut erhaltene Gebäude.

istockphoto.com/Kulicki

Türen zeugen in Dublin oft von einem gewissen früheren Wohlstand.

Südlich des Stephen's Green ziehen die Bars und Nachtklubs der **Leeson Street** Nachteulen an.

Über 150 Jahre lang galt der **Merrion Square** als Dublins beste Adresse. Daniel O'Connell wohnte einst in Nr. 58, W. B. Yeats in Nr. 82, die Familie von Oscar Wilde in Nr. 1. Jedes Wochenende wird auf dem Platz eine große Kunst- und Verkaufsschau abgehalten.

An der Westseite des Merrion Square bezeichnet eine Statue von George Bernard Shaw den Eingang zur **National Gallery of Ireland**, der er ein Drittel seines Vermögens vermachte. Zur Sammlung gehören Werke von Rubens, Rembrandt *(Rast auf der Flucht nach Ägypten)* und weiteren Niederländern; unter den Vertretern der Spanischen Schule sind Goya und Velázquez; Reynolds und Gainsborough repräsentieren die englischen Porträtisten, von den Iren seien William John Leech

(Das Gänsemädchen) und William Orpen *(Der heilige Brunnen)* erwähnt.

Der Haupteingang des **National Museum** liegt in der Kildare Street. Sehenswert ist insbesondere der Goldschmuck aus der Bronze- und Eisenzeit. Die Schätze wurden in Torfgruben oder bei Grabungen für den Eisenbahnbau im 19. Jh. entdeckt. Den Kelch von Ardagh (Ardagh Chalice, 8. Jh.) aus Silber mit vergoldeten Verzierungen fand ein Junge 1868 beim Kartoffelgraben. Der bronzene **Shrine of St. Patrick's Bell** (Glockenschrein des hl. Patrick, 12. Jh.) ist mit Gold und Silber im normannischen Stil geschmückt. Die Glocke aus dem 5. Jh. ist noch erhalten. Ebenso faszinierend ist die Sammlung von Werkzeugen, Waffen und Ornamenten aus Knochen, Stein und Bronze aus der Zeit der ersten Siedlungen (etwa 7000 v. Chr.) bis zur Gegenwart.

Hinter der National Gallery befindet sich in der Kildare Street das **Leinster House**, der Sitz des irischen Parlaments, und die **National Library**. Praktisch alle berühmten irischen Dichter haben unter der Kuppel des Lesesaals im ersten Stock gearbeitet.

Alt-Dublin

Die Wikinger siedelten sich vermutlich am Flussufer an, wo sich heute das Wood Quay erstreckt. Diese Gegend war bis ins frühe 18. Jh. das Zentrum Dublins, und erst als die weiter östlich gelegenen georgianischen Straßen zur bevorzugten Wohngegend wurden, verlor der Stadtteil an Bedeutung. Wenn Sie mehr über die damalige Zeit erfahren möchten, besuchen Sie die Ausstellung *Viking Dublin* in **Dublinia** nahe der Christ Church Cathedral.

Huber/Pavan

Speisekarte

An hochwertigen Zutaten – aus dem Meer, den Flüssen oder von den grünen Weiden – fehlt es in der irischen Küche nicht. Das köstliche *soda bread* wird aus Mehl, Buttermilch und Natriumbikarbonat gebacken. Einige Pubs servieren traditionelle Speisen wie *Irish Stew*, ein Eintopf mit Hammel- oder Lammfleisch, Karotten, Kartoffeln, Zwiebeln und Kräutern.

Iren trinken am liebsten *stout*, das schwere, dunkle Bier. Der erstklassige irische Whiskey wird pur oder mit etwas Wasser, aber niemals mit Eis getrunken.

Der Bau des **Dublin Castle** begann im 13. Jh. auf dem Hügel oberhalb der Wikingersiedlung. Das Schloss wurde im 14. Jh. ersetzt und im 18. Jh. stark umgebaut. Schließlich fügte man zusätzliche Gebäude für die Ministerratssitzungen der EU an.

Der ehemalige Uhrturm im Garten hinter dem Schloss ist nun würdiger Rahmen für die **Chester Beatty Library and Gallery of Oriental Art**. Diese umfasst die Sammlung von Sir Alfred Chester Beatty, einem kanadischen Bergbaumagnaten, der sich in den 1950er-Jahren in Dublin niederließ. Als er 1968 starb, vermachte er seine Schätze dem irischen Staat: babylonische Tontafeln aus dem Jahr 2500 v. Chr., biblische Schriften, Bücher aus den ersten Zeiten der Buchdruckkunst sowie chinesische Siegel. Hier findet man auch die weltweit größte Sammlung orientalischer Manuskripte.

Neben dem Schloss erhebt sich die **City Hall**, das klassizistische Rathaus aus dem späten 18. Jh. (ursprünglich die Börse) mit einer schönen Rundhalle.

Dublin hat aus historischen Gründen gleich zwei Kathedralen, beide protestantisch. **Christ Church Cathedral**, die ältere von beiden, wurde 1173, kurz nach dem Einfall der Normannen, auf Anordnung von »Strongbow« und Erzbischof Laurence O'Toole begonnen. Der größte Teil des jetzigen Gebäudes stammt aus dem 12. und 13. Jh., doch sein heutiges Aussehen verdankt es einer Renovierung im 19. Jh. Das Grabmal nahe dem Eingang wird zwar Strongbows Grab genannt, geht aber auf das 14. Jh. zurück – es ist also viel jünger.

Nur ein paar Schritte weiter südlich erhebt sich die 1192 geweihte **St. Patrick's Cathedral**. Der Grund für den Bau einer zweiten Kathedrale kurz nach Errichtung der ersten lag in der Rivalität zwischen den irischen Äbten und den von Rom eingesetzten Bischöfen

Jonathan Swift, bekannt für sein Werk *Gullivers Reisen*, war von 1713 bis zu seinem Tod 1745 Dekan von St. Patrick. Seine Büste steht im Kirchenschiff rechts vom Eingang, und sein Grab liegt Seite an Seite mit demjenigen seiner geliebten »Stella« (Esther Johnson) nahe der Wand.

Die **Marsh's Library** (1701) hinter St. Patrick war Irlands erste öffentliche Bibliothek und wird noch genutzt. Besonders interessant sind die Eichenholzregale mit schönen Giebeln und die Käfige, in die man die Leser sperrte, damit sie die wertvollen Werke nicht stehlen konnten.

Gegenüber der Christ Church steht die normannische **St. Audoen's Church**, die älteste Pfarrkirche Dublins. Der St. Audoen's Arch in einer Gasse nebenan ist das einzige Tor, das von der aus dem 13. Jh. stammenden Stadtmauer übrig geblieben ist. Die engen Sträßchen westlich davon führten durch ein einst ziemlich heruntergekommenes Viertel, **The Liberties**. Heute gibt es hier Antiquitäten- und Trödelläden sowie Straßenhändler.

Temple Bar, zwischen der Christ Church und der Bank of Ireland am Südufer des Flusses, ist *das* – mittlerweile etwas touristische – Kulturviertel Dublins, bekannt für seine Weinbars, Pubs und Restaurants wie auch für seine vielfältigen kulturellen Einrichtungen, Buchläden, Galerien und kleinen Geschäfte.

Westlich des Zentrums und südlich des Liffey erstreckt sich das Gelände der **Guinness Brewery**, einer der größten Brauereien Europas. Mehr als die Hälfte des in Irland getrunkenen Biers wird hier produziert. Am bekanntesten ist das dunkle Stout, das Arthur Guinness 1759 zu brauen begann. Im alten Hopfenlager ist nun das **Besucherzentrum Guinness Storehouse** untergebracht; in der Gravity Bar darf probiert werden.

Bis in die 1960er-Jahre wurden auf dem Liffey und dem Grand Canal, der sich südlich der Brauerei zu einem Hafen ausweitet, Gerste und Hopfen ausgeliefert. Auch Bier gehörte zur Fracht. So erlangte das »Kanal«-Guinness als bestes Bier der Brauerei Bekanntheit. Mehr erfährt man im **Waterways Visitor Centre** am Grand-Canal-Becken. Das **Royal Hospital** nahe dem Heuston-Bahnhof entstand 1684 als Soldatenheim. Mit seinem von Arkaden gesäumten Innenhof ist es Irlands schönstes Gebäude aus dem 17. Jh. Heute befindet sich hier das **Irish Museum of Modern Art**.

Am Nordufer des Liffey

Den **Parnell Square** am Ende der O'Connell Street umgibt ein Gebäudekomplex, zu dem die früheren Assembly Rooms zählen, ein Treffpunkt der besseren Gesellschaft des 18. Jh. In der Nordwestecke ist der **Garden of Remembrance** zum Gedenken an all jene, die im Kampf um Irlands Freiheit gestorben sind.

Das **Dublin Writers Museum** am Parnell Square North und der angrenzende Schriftstellertreffpunkt Irish Writers' Centre sind den hiesigen Literaturgrößen gewidmet. Im ersten Ausstellungsraum werden Autoren wie Swift, Goldsmith und Sheridan, Maria Edgeworth, Wilde und Shaw gewürdigt. Der zweite Saal ist den Künstlern nach 1890 gewidmet, darunter Yeats und seinem Kreis, Joyce, O'Casey und Beckett.

Das **James Joyce Centre** in der North Great George's Street 35 ist ganz dem berühmtesten irischen Schriftsteller gewidmet.

Vor seiner Sanierung war **Smithfield** das Viertel der Frischwarenmärkte und Destillerien, die aber seit Langem nach Midleton in der Grafschaft Cork verlegt worden sind. Die **Old Jameson Distillery** erinnert an vergangene Zeiten und gewährt Besuchern ein Probeschlückchen.

Der Kasernenkomplex der **Collins Barracks** stammt aus dem Jahr 1704. Die lange vernachlässigten Gebäude wurden renoviert und gehören nun zum National Museum.

Der **Phoenix Park** ist eine der größten innerstädtischen Parkanlagen Europas – hier fände ohne Weiteres die gesamte Bevölkerung Dublins Platz (dies war der Fall, als Papst Johannes Paul II. im Park eine Messe zelebrierte). Nahe dem südöstlichen Tor erinnert ein über 60 m hoher Obelisk an Wellingtons Siege in Indien und die Napoleonischen Kriege.

Belfast

Besucher sind oft angenehm überrascht, eine helle, moderne Stadt mit lebendiger Kultur- und Unterhaltungsszene vorzufinden.

Die 1906 erbaute, imposante **City Hall** am **Donegall Square** dominiert das Stadtzentrum. Sie ist der St. Paul's Cathedral von London nachempfunden, doch wird hier der weiße Steinbau von einem grünen Kupferdom gekrönt. Ein Rundgang durch die Empfangshalle aus Marmor und die aus Eichenholz geschnitzte Ratskammer ist möglich. In der Nähe stehen Denkmäler für die Opfer der beiden Weltkriege und der 1912 gesunkenen *Titanic*, die in Belfast gebaut wurde. In einem der majestätischen viktorianischen Gebäude am Square befand sich früher ein Leinenlager, heute gehört es einer berühmten Kaufhauskette. An derselben Seite des Platzes ist die **Linen Hall Library** (1788), eines der wenigen georgianischen Bauwerke der Stadt.

Weiter nördlich kommt man an der Donegall Street zur Galerie **Belfast Exposed**, die zur Zeit der Unruhen von einheimischen Fotografen gegründet wurde und wechselnde Ausstellungen zeitgenössischer Fotografie zeigt.

Nur 100 m weiter steht die neuromanische **St. Anne's Cathedral**, die 1904 geweihte Hauptkirche der Church of Ireland. In der Heiliggeistkapelle sind zwei wunderbare Mosaiken zu sehen.

In der Great Victoria Street stehen zwei Schmuckstücke aus viktorianischer Zeit: das 1894 erbaute **Grand Opera House**, dessen Zuschauerraum in Gold prunkt, und gegenüber der **Crown Liquor Saloon**. Dieses Pub ist ein Juwel aus Glas, farbigen Fliesen und poliertem Mahagoni. Das 1826 gegründete Lokal wurde vom National Trust erworben und steht unter Denkmalschutz.

In der Bedford Street weiter östlich findet sich die 1862 er-

istockphoto.com/Feverstockphoto

Belfasts neueste Attraktion: das futuristische Titanic-Zentrum.

öffnete **Ulster Hall**, eine Konzerthalle, die mit Darstellungen der Stadtgeschichte ausgemalt ist. Drei Häuserblocks weiter steht in der Alfred Street die katholische Kirche **Staint Malachy** (1844) mit schmalen, hoch aufragenden, zinnenbewehrten Türmchen. Die Stuckdecke ist jener der Kapelle Heinrichs VII. in der Westminster Abbey nachempfunden.

Die Gebäude der **Queen's University** aus dem Jahr 1849, die den Colleges von Oxford nachempfunden sind, liegen südlich des Zentrums an der Great Victoria Street. Gleich in der Nachbarschaft liegt der **Botanische Garten**.

In einem modernen Bau neben dem Botanischen Garten beherbergt das **Ulster Museum** eine Kunstgalerie und das Stadtmuseum. Die Sammlung im Obergeschoss umfasst Werke irischer und ausländischer Meister. Von den Schätzen aus dem spanischen Schiff *Girona*, das 1588 nahe des Giant's Causeway sank, sind Goldschmuck, Waffen und Haushaltsgeräte von Interesse.

Hafenviertel

Die Uferbereiche des River Lagan, die infolge der schweren Industriekrise, die Belfast seit den 1970er-Jahren durchmachte, lange vernachlässigt waren, wurden in jüngster Zeit saniert. In den Lagerhallen und Fabriken wurden Wohnungen und Büros eingerichtet. Das Stauwehr **Lagan Weir** reguliert den Wasserstand und verhindert, dass sich der Fluss zweimal täglich in ein Schlammbett verwandelt; für die Fußgänger bildet es eine gute Möglichkeit, den Fluss zu überqueren.

Das Viertel wird unter dem Namen **»Titanic Quarter«** von der Stadtverwaltung gefördert. Das Unglücksschiff wurde nämlich hier in Belfast konzipiert, in der Schiffswerft Harland & Wolff, deren große gelbe Kräne sich am Horizont erheben.

Exakt 100 Jahre nach dem Unglück der *Titanic* eröffnete 2012 auf dem Schiffswerft-Gelände das gigantische **Belfast Titanic Centre**. In neun Galerien können Besucher Entstehung und Untergang des Luxusdampfers interaktiv erleben. Das Gebäude hat die gleiche Form wie der Bug der *Titanic*, die Inneneinrichtung ist am Design des Luxusliners orientiert, inklusive einem Nachbau der großen Ballsaaltreppe.

Im Fremdenverkehrsbüro sind Audioguides samt GPS-Gerät erhältlich, dank denen man alle Stationen des **Titanic Interactive Trail** besichtigen kann. Bewundern Sie am Ostufer des Lagan auch die *SS Nomadic*, das letzte noch existierende Schiff der stolzen Flotte der *White Star Line*, zu der auch die *Titanic* gehörte.

Katholische Stadtteile

Die wichtigsten republikanischen Viertel liegen in West Belfast (rund 2 km vom Zentrum). Hier sind 80–95% der Bevölkerung katholisch; die restlichen Einwohner sind zugewanderte Hindus und Muslime. Dem Arbeiterviertel **Falls**, das nicht in den Genuss des Wirtschaftsbooms kam, den Belfast zu Beginn des 20. Jh. erlebte, haftet bis heute der Ruf an, aufmüpfig zu sein. Die Themen der Wandmalereien belegen den kritischen Geist der Bewohner: soziale Ungerechtigkeit, politische Forderungen, aber auch Apartheid, Palästinafrage und Sympathie für Kuba.

Die **Falls Road**, in der viele solche Wandgemälde zu sehen sind, hat sich zur Touristenattraktion entwickelt. Führungen werden von ehemaligen politischen Gefangenen veranstaltet. Die ge-

Unionisten und Republikaner. Nordirland ist ein Teil des Vereinigten Königreichs von Großbritannien und Nordirland (abgekürzt »UK«). Manche nennen es Ulster, obschon es nur sechs von neun Grafschaften der früheren Provinz dieses Namens umfasst. Diese hatten 1921 bei der Teilung Irlands eine protestantische Mehrheit. Die übrigen 26 Grafschaften mit einer großen katholischen Mehrheit bilden die Republik Irland. »Irland« kann die gesamte Insel bezeichnen oder auch nur die Republik. Die nordirischen Protestanten, die etwa 45% der Bevölkerung ausmachen, wählen vorwiegend Unionistische Parteien (mit »Union« ist diejenige mit Großbritannien gemeint). Die Katholiken unterstützen mehrheitlich die Nationalisten, die ein wiedervereinigtes Irland mit friedlichen Mitteln anstreben.

Die auf beiden Seiten der Grenze illegale IRA (*Irish Republican Army*) versuchte lange, ihr Ziel gewaltsam durchzusetzen, genauso wie die ebenfalls illegalen paramilitärischen Gruppen der Protestanten. 2007 einigten sich alle Parteien darauf, die Waffen niederzulegen, und eine neue Ära des Friedens, die leider nicht ganz ohne Rückschläge auskommt, konnte beginnen. 2011 kam es zu den schwersten Ausschreitungen zwischen Katholiken und Protestanten seit zehn Jahren.

wissenhaftesten Reiseleiter bringen Besucher bis zur Peace Line, die bis heute Falls vom protestantischen Nachbarviertel Shankill trennt. Machen Sie unterwegs Halt beim gälischen Kulturzentrum **Cultúrlann McAdam Ó Fiaich**, das diverse geführte Rundgänge zu allerlei Themen organisiert.

Protestantische Stadtteile

In den protestantischen Vierteln Shankill, Sandy Row (nahe dem Zentrum) und East Belfast (östlich des Lagan) sind die Farben des Union Jack – blau, weiß und rot – omnipräsent. Auch wenn diese Viertel weniger touristisch sind als die katholischen, lohnt sich ein Besuch des **Fernhill House** in Shankill, ein schönes Gebäude von 1864, in dem die Stadtgeschichte aus Sicht der Loyalisten präsentiert wird.

Belfast Castle

Das Schloss auf dem Cave Hill im Nordwesten Belfasts ist mit Türmchen im schottischen Stil verziert. Der ursprünglich auf eine normannische Burg des 12. Jh. zurückgehende Bau gehörte im 19. Jh. dem Grafen Shaftesbury, der die Burg später der Stadt vermachte.

Halbinsel Ards

Bangor am Südufer des Belfast Lough wurde durch den Bau der Bahnlinie in der Mitte des 19. Jh. für die Hauptstädter zum beliebtesten Ort am Meer. Er hat noch immer viktorianisches Gepräge, trotz eines modernen Jachthafens und Wohnsiedlungen für die zahlreichen Pendler.

Ein weiteres Ausflugsziel ist die 40 km lange Halbinsel Ards. An ihrer Ostküste zur Irischen See hin liegen Sandstrände. Das Westufer am geschützten **Strangford Lough** zieht Angler, Windsurfer und Vogelfreunde an. **Mount Stewart** am Ufer des Lough ist ein sehr vornehmer georgianischer Landsitz im Besitz des National Trust. Hier wurde Lord Castlereagh, ein Staatsmann des 19. Jh., geboren.

Mourne Mountains

Das in einem Volkslied besungene schroffe Gebirge 50 km von Belfast erhebt sich abrupt aus einer Hügellandschaft und zieht Wanderer und Kletterer an. **Slieve Donard** ist mit 852 m die höchste Erhebung der rund 20 km breiten Bergkette über dem Seekurort **Newcastle**. Ein gut bezeichneter Pfad führt zum Gipfel. An klaren Tagen reicht die Sicht bis zur schottischen Küste. Nebenstraßen führen durchs Gebirge, vorbei an Felshängen, Seen und Mooren.

Küste des County Antrim

Die große Festung **Carrickfergus Castle**, 16 km nördlich von Belfast, wurde 1178 vom Normannen John de Courcy begonnen. Ihr massiver Bergfried entstand um 1200. Im Mittelalter war Carrickfergus ein größerer Hafen als Belfast. Heute wimmelt er von Vergnügungsbooten.

Die Antrim Mountains an der Nordostküste sind eher flache, teils moorige Hügel. Reißende Flüsse haben die Landschaft durchschnitten. Die so entstandenen grünen Täler, die **Glens of Antrim**, sind für ihre Schönheit berühmt. Die Nordostspitze Irlands bildet **Fair Head**, eine 194 m hohe Felsenklippe. Der Aufstieg wird mit einer herrlichen Sicht auf die von wenigen Menschen, aber um so mehr Seevögeln bevölkerten **Ruthlin Inseln** belohnt. In einer Höhle am Nordostufer fand angeblich Robert the Bruce Zuflucht und ließ sich von einer Spinne dazu inspirieren, ohne Unterlass für den Thron von Schottland zu kämpfen.

Giant's Causeway

Zehntausende von sechseckigen Säulen aus schwarzem Basalt bilden Türme, Terrassen und ins Meer abfallende Stufen: eines der geologischen Wunder dieser Erde. Die Anordnung ist so regelmäßig, dass ein natürlicher Ursprung in der Vergangenheit als unmöglich galt. Die riesigen Ausmaße schienen ebenso auszuschließen, dass das Gebilde von Menschenhand geschaffen wurde. Laut irischen Sagen war es ein Riese namens Finn MacCool, der hier einen Damm in Richtung Schottland bauen wollte. Wissenschaftler erklären das Phänomen mit der langsamen Abkühlung und Kristallisierung von Vulkangestein vor 60 Mio. Jahren. Die Struktur ist nicht so eben, wie es auf den ersten Blick scheint. Der Ort steht unter dem Schutz des National Trust.

Huber/Spila

Kaum zu glauben, aber tatsächlich natürlich: der Giant's Causeway.

Der Name der Landspitze **Port na Spániagh** (Spanische Bucht) erinnert an die Spanische Armada, die 1588 hier das Schiff Girona einbüßte.

Derry (Londonderry)

Die Grafschaft Donegal in der Republik Irland ist der direkte Nachbar der Stadt Derry, deren Namen sich von *doire* (Eichenhain) ableitet. Mit der *Plantation of Ulster*, der britischen Kolonisierung, wurde Londonderry zur offiziellen Bezeichnung. Die katholische Mehrheit besteht bis heute auf dem alten Namen. Als Jakob II. 1689 in Irland landete, um seinen Thron von Wilhelm von Oranien zurückzuerobern, schlossen junge Burschen die Tore vor seinen Truppen. Dieses Ereignis wird von den Protestanten jährlich gefeiert. Jakobs Truppen belagerten die Stadt 105 Tage lang. Schließlich gelang es Schiffen, die Sperre der Belagerer im Fluss Foyle zu durchbrechen, und Jakob wurde geschlagen.

Derry war ein Hauptschauplatz des Konflikts zwischen Katholiken und Protestanten und erlebte ein dramatisches 20. Jh. 1968/69 kam es zu Konfrontationen zwischen Bürgerrechtlern und der Polizei. Am Blutigen Sonntag, dem 31. Januar 1972, eröffneten britische Soldaten das Feuer auf die republikanischen Demonstranten, wobei 13 Menschen starben. In jüngster Zeit macht Derry es sich zur Aufgabe, die verfeindeten Parteien miteinander zu versöhnen.

Die Altstadt ist von den einzigen vollständig erhaltenen **Schanzen** Irlands umgeben. Diese werden von Bastionen und sieben Toren unterbrochen und sind eine beliebte Flaniermeile. Der zentrale Platz der Stadt ist der elegante **Diamond**. Hinter dem georgianischen Court House in der Bishop Street erblickt man die **St. Columb's Cathedral**, die einer englischen Gemeindekirche gleicht. Es handelt sich hier um das protestantische Gotteshaus; die katholische **Kathedrale St. Eugene** steht im Vorort Bogside.

Das **Bogside-Viertel** lockt mit Wandmalereien zum Irlandkonflikt, etwa an der Rossville Street. In der Nähe des Shipquay Gate ist das **Tower Museum** im O'Doherty's Tower eingerichtet, der Replik eines Wohnturms aus dem 16. Jh. Nachgestellte Szenen illustrieren die Stadtgeschichte, eine Abteilung zeigt die *Trinidad Valencera*, ein gesunkenes Schiff der spanischen Armada.

County Donegal

Die zerklüftete Atlantikküste erreicht bei Malin Head ihren nördlichsten Punkt. Bis hierher drangen weder die Normannen noch die Engländer vor. Darum konnte sich bis heute eine starke gälischsprachige Minderheit halten.

Donegal

Donegal war der Hauptsitz des O'Donnell-Clans, dem der Earl of Tyrconnell vorstand. Nach der Flucht der Grafen im Jahr 1607 wurde ihr Besitz vereinnahmt und den englischen und schottischen Siedlern übergeben. Die Stadt Donegal ging an Sir Basil Brooke über, der das Turmhaus der O'Donnells aus dem 16. Jh. umbaute. Er ließ u. a. einen Flügel mit Giebeldach anbauen.

Westliche Halbinsel

Die Küste der Landzunge ist so zerklüftet, dass die kurvenreiche, enge Straße über weite Strecken durchs Inselinnere führt. Die **Klippen des Slieve League**, einer herrlichen Uferlandschaft, fallen stolze 601 m ins Meer ab. Das grüne **Glencolumbkille** mit seinen bunt gestrichenen Häusern erfreut das Auge. Das Tal von Glencolumbkille war der Lieblingsaufenthaltsort des hl. Kolumban. Seit jener Zeit ist der Ort ein Pilgerzentrum. Wahrscheinlich war das Tal bereits zu heidnischer Zeit von Bedeutung. Das schließt man aus Funden von Grabstätten unterschiedlicher Epochen, die später teilweise für christliche Zwecke umfunktioniert wurden. So gibt es hier Menhire und Dolmen, die mit Kreuzen versehen sind.

In **Ardara** werden Strickwaren und gewebte Tweedstoffe gefertigt, häufig in Heimarbeit.

County Fermanagh

Zwischem dem oberen und dem unteren Teil des Sees Lough Erne liegt das Städtchen **Enniskillen**. Die alte Burg beherbergt ein Heimat- und Militärmuseum. An der südöstlichen Stadtgrenze steht **Castlecoole**, ein wunderschöner Herrensitz aus dem Jahr 1798, den James Wyatt für den Grafen von Belmore errichten ließ.

Die Grenzstadt **Belleek** ist für ihr Porzellan bekannt, das an Flechtwerk erinnert. Die Fabrik, die auch ihr eigenes Museum besitzt, kann besichtigt werden.

hemis.fr/Perousse

Ein typisch irisches Verkehrshindernis: Schafe haben »Vorfahrt« ...

Galway

Der zwischen dem River Corrib und der Galway Bay gelegene Ort wurde von den Normannen mit massiven Mauern befestigt, um die gälischen Stämme abzuwehren. Derartig geschützt blühte der Handel auf. Die im 19. Jh. von England verfügten Einfuhrbeschränkungen aus Irland trafen Galway hart, Hungersnöte verschlimmerten die Situation. In den 1960er-Jahren besserte sich die Lage, und heute ist Galway eine helle, freundliche Stadt.

Lynch's Castle an der Ecke Shop Street und Abbeygate Street ist ein hervorragend erhaltenes, von reichen Kaufleuten errichtetes Stadthaus. Dieses vierstöckige, ca. aus dem Jahr 1600 stammende Gebäude mit seinen kunstvollen Steinmetzarbeiten ist heute

Sitz einer Bank. Die um 1320 erbaute **St. Nicholas Church** jenseits der Shop Street ist die größte mittelalterliche Kirche Irlands. Beachtenswert ist im Inneren das Grabmal der Familie Lynch mit seinem filigranen Steinschmuck.

Die schmale High Street und die Quay Street führen zu einem Teil der alten Festungsmauer, der unter dem Namen **Spanish Arch** bekannt ist; daneben befindet sich das moderne **Stadtmuseum**. Flussaufwärts liegt eine alte **Lachsschleuse**, nach der eine Brücke über den Corrib benannt ist. In guten Jahren ziehen immer noch viele Lachse zum Laichen stromaufwärts. Die Wolfe Tone Bridge führt zum Viertel **Claddagh** (»der Strand«), einem ehemals gälischsprachigen Fischerdorf. Es verlieh dem Claddagh-Ring seinen Namen, einem Amulett, das aus einem gekrönten, von zwei Händen umspannten Herz besteht.

Einkaufstipps
Am schönsten sind all jene Dinge, die von Hand gefertigt werden: warme **Fischerpullover von den Aran-Inseln,** Tweed, handgeschliffenes Waterford-Kristallglas und feiner Schmuck mit keltischen Motiven. Besonders beliebt ist der Claddagh-Ring, ein von zwei Händen umspanntes Herz mit Krone. Nordirland ist die Heimat der feinen Leinenstoffe.

Wer Bücher, Antiquitäten und nette Kleinigkeiten sucht, streift am besten in Dublin durch die Gassen von Temple Bar und vom Liberties-Viertel.

Visa/Lorgnier

Aran-Inseln

Die Aran-Inseln, drei der Galway Bay vorgelagerte flache Kalkfelsen, sind eigentlich eine geologische Verlängerung des Burren. Dank ihrer Abgeschiedenheit blieben traditionelle Lebensformen dort länger erhalten als im übrigen Land.

Inishmore

Inis Mór, gälische Bezeichnung für »die große Insel«, ist 15 km lang und damit die größte der drei Aran-Inseln. Die Fähren legen in Kilronan an.

Die Dörfer liegen an der Nordküste, wo sich schmale Landsträßchen zwischen Steinmauern hindurchziehen, die kleine Weideflächen oder Kartoffelfelder vor dem Wind schützen. Einst gab es auf dem Eiland fast nur nackten Felsboden, den die Bewohner mit vielen Schichten

Tang und Sand bedeckten und so für den Landbau nutzbar machten. Bei **Kilmurvy**, 7 km westlich von Kilronan, führt ein Pfad zur Südküste und zur prähistorischen Festung **Dún Aengus**. Deren wehrhafte halbkreisförmige Mauern reichen bis an den Rand der Klippen heran. Die Verteidigungsanlage stammt vermutlich aus der Eisenzeit und war möglicherweise einmal rund – die andere Hälfte könnte beim Abbruch der Klippe ins Meer gestürzt sein.

Auf Inishmore stehen die Ruinen von zahlreichen Klöstern und alten Kirchen. Das **St. Ciaran's Monastery** aus dem 12. Jh. liegt direkt an der Küstenstraße westlich von Kilronan. Die sogenannten **Seven Churches** westlich von Kilmury bestehen nur noch aus verstreuten Ruinen und dem restaurierten Gotteshaus St. Brecan.

Im **Aran Heritage Centre** in der alten Küstenwachstation in Kilronan dokumentieren Fotografien und Ausstellungsstücke Kultur und Geschichte der Inseln.

Inishmaan

Die mittlere, knapp 5 km lange Insel *Inish Meáin* wird nur von wenigen Touristen besucht. Daher hat sich der Alltag ihrer Bewohner im Vergleich zu Inishmore viel weniger verändert: Die Männer fahren wie eh und je zum Fischen aufs Meer. Bedeutende prähistorische Stätten sind das ovale **Dún Conor Fort** auf dem zentralen Bergrücken und ein Grab aus der Bronzezeit.

Inisheer

Dies ist die kleinste der drei Inseln, die dem Festland am nächsten liegt. Sie ist flach und niedrig bis auf eine Felsnase. Diese wird vom **Creggankeel Ringfort** gekrönt, das im 15. Jh. als Außenmauer von O'Brien's Castle diente.

Limerick und Umgebung

Limerick, eine Wikingersiedlung auf einer Insel nahe der Mündung des Flusses Shannon, wurde von den Normannen erobert und durch den Bau des **King John's Castle** geschützt. Um seine normannischen und gälischen Feudalherren unter Kontrolle zu halten, ließ König John um etwa 1200 die größte Festung ganz Westirlands bauen. 1642 wurde sie von irischen Truppen erobert. 1651 hielt die Stadt sechs Monate lang der Belagerung stand, bevor sie an Henry Ireton fiel, den Schwiegersohn Cromwells.

Nach der Schlacht am Boyne bedrohten die Truppen Wilhelms von Oranien Limerick. Ihre zweite Belagerung forderte hohe Verluste, und man einigte sich auf Kapitulationsbedingungen: Den Verteidigern wurde die Wahl gelassen, sich der Armee Wilhelms anzuschließen oder aber ins Exil zu gehen – was fast alle taten.

Die Burg wurde schön restauriert und bietet in ihren Ausstellungsräumen eine lebendige Darstellung der Stadtgeschichte von den Zeiten der Wikinger bis zur Gegenwart.

Die **Bridge Street** überquert den schmaleren Abbey River und führt in den Stadtteil Irish Town. In der **O'Connell Street**, Limericks Hauptgeschäftsstraße, stehen als Zeugen des 18. Jh. elegante georgianische Häuser.

Mit der Errichtung der protestantischen **St. Mary's Cathedral** wurde 1172 begonnen. Später folgten zahlreiche Umbauten. Das Chorgestühl aus dem 15. Jh. ist eine Seltenheit in Irland.

County Clare

Die Grafschaft Clare ist die Wiege der irischen Freiheitsbewegung. Hier wurde 1828 Daniel O'Connell zum Anführer gewählt, hier erfuhr in den 1880er-Jahren die Land League größte Unterstützung. Eamon de Valera war über 40 Jahre Parlamentsabgeordneter von East Clare.

Cliffs of Moher

Die vielerorts spektakuläre irische Küste übertrifft sich hier selbst mit beeindruckenden, über 200 m hohen Klippen, die sich über rund 8 km ziehen. Zehntausende von Seevögeln nisten in den Felsspalten. Ihre Schreie mischen sich mit dem unablässigen Tosen des Windes und dem Donnern der See.

Im Sommer wimmelt es hier zwar von Touristen, doch wer die Hauptpfade verlässt, ist rasch allein. **O'Brien's Tower** wurde 1835 vom exzentrischen Landlord Cornelius O'Brien erbaut, der auch die Mauer aus großen Steinplatten errichten ließ.

Doolin

Das bunte Fischerdörfchen ist bekannt für seine Pubs, wo im Sommer allabendlich irische Volksmusik gespielt wird. Vor der Küste tauchen die Aran-Inseln wie eine Fata Morgana im Nebel auf. Im Sommer fährt eine Fähre dorthin. Zwischen Fanore und Black Head im Norden fällt der Burren in Stufen zum Meer ab.

Cobh

Der Hafen von Cobh (ausgesprochen wie *cove* – Bucht) am lang gestreckten Golf zwischen Cork und dem offenen Meer hieß bis 1921 Queenstown. Er profitierte davon, dass die großen Schiffe nicht in Cork anlegen konnten.

Bedeutende Ereignisse nahmen in Cobh ihren Anfang: 1791 wurden von hier aus Sträflinge nach Australien geschickt; Truppenfrachter nahmen während der Napoleonischen Kriege, des Burenkriegs und des Krimkriegs Soldaten an Bord; Emigranten brachen in die Fremde auf; es war der letzte Hafen, den die *Titanic* 1912 anlief; und nachdem die *Lusitania* 1915 von einem deutschen U-Boot versenkt worden war, brachte man die wenigen Überlebenden hier an Land.

Der Bahnhof am Kai beherbergt eine Ausstellung namens **The Queenstown Story**, die den Besuchern die Stadtgeschichte nahe bringt. Schwerpunktthema sind die 2,5 Millionen Iren, die von diesem Kai aus mit der Hoffnung auf ein besseres Leben in Amerika das Land verließen. Die Auswanderungswelle begann mit ein paar Tausend Emigranten in den 1830er-Jahren und dauerte etwa sechs Jahrzehnte. Vor dem Bahnhof steht eine Statue, die eine Frau mit ihren beiden Kindern darstellt – eine einzelne Familie, mit der stellvertretend allen Emigranten die Ehre erwiesen wird.

Cork

Die zweitgrößte Stadt der Republik entstand auf niedrig gelegenen Inseln des Flusses Lee, wobei die Wasserstraßen als Verkehrsadern dienten. Das Zentrum ist von vielen Kanälen durchzogen. Im November 2009 verursachte der Lee die schlimmsten Überflutungen in der Stadt seit 40 Jahren.

Nachdem der hl. Finbarr im 6. Jh. ein Kloster gegründet hatte, entwickelte sich rasch eine kleine Stadt, die im 18. Jh. zu einem blühenden Handels- und Gewerbezentrum einer reichen, landwirtschaftlich geprägten Region wurde. Unter dem irischen Bürgerkrieg von 1919–21 litt Cork stark; die 1970er-Jahre brachten dank der erstarkenden Leichtindustrie und des Dienstleistungssektors einen erneuten Aufschwung. Der Einwanderung, die damit einherging, verdankt die Stadt ihre heutige Vielfalt an Restaurants und Geschäften. Und nicht umsonst war Cork 2005 auch Kulturhauptstadt Europas.

Einen Besuch wert ist der renovierte **English Market**, der von der Grand Parade aus zugänglich ist. Über die Hauptstraße von Cork, die **St. Patrick Street**, gelangt man zu einem beliebten Treffpunkt, der **Statue von Pater Theobald Mathew**, der im 19. Jh. unermüdlich für den Ausgleich zwischen katholischen Iren und protestantischen Engländern eintrat.

Am Lavitt's Quay steht das moderne **Opernhaus**. Gleich nebenan lockt die **Crawford Art Gallery** mit irischer und europäischer Kunst vom 18. Jh. bis zur Gegenwart.

Auf einem steilen Hügel gegenüber, am anderen Flussufer, liegt Shandon, einer der ältesten Bezirke. Hier steht das Wahrzeichen der Stadt: Die **St. Ann's Church** von 1722 mit dem berühmten Glockenspiel.

Über den südlichen Lee-Arm gelangt man zur **Red Abbey**, einem ehemaligen Augustinerkloster, das zu den wenigen Relikten des Mittelalters in Irland gehört.

Killarney

Der seit dem 19. Jh. hoch geschätzte Ferienort Killarney liegt eingebettet zwischen schönen Seen und einer herrlichen Gebirgsszenerie. Neben Pub-Abenden mit traditioneller Musik gehören zu den beliebten Freizeitbeschäftigungen der Pferderennsport und der gälische Fußball, der stets Unmengen von Zuschauern anlockt.

Die Franziskanerabtei **Muckross** im Süden der Stadt wurde durch Cromwells Truppen 1652 zerstört. Das benachbarte **Muckross House**, 1843 im elisabethanischen Stil errichtet, übergaben seine Besitzer 1932 dem irischen Staat

Auf dem nahen **Lough Lane** kann man einen Ausflug in einem Panoramaboot unternehmen. Die Ruine von **Ross Castle** am Ufer erinnert daran, wie ihre Verteidiger monatelang der Belagerung durch Cromwells Streitkräfte trotzten.

Die 6 km lange Schlucht **Gap of Dunloe** westlich der Seen sollte kein Killarney-Besucher versäumen. MacGillycuddy's Reeks heißt der Gebirgszug südwestlich von Killarney, der vom Gap of Dunloe durchschnitten wird. Der **Carrantuohill** (1041 m) ist die höchste Erhebung Irlands.

Ring of Kerry

Die 175 km lange Küstenstraße um die Halbinsel Iveragh, genannt Ring of Kerry, führt zu den landschaftlichen Höhepunkten der Region.

Die Reise (im Uhrzeigersinn) beginnt bei **Kenmare**, einem bekannten Ausgangspunkt für Wandertouren. Durch eine liebliche Landschaft gelangt man zum Ferienort **Parknasilla**, in dessen küstennahen Gewässern gelegentlich Robben zu beobachten sind.

Vor dem Hintergrund des Caha-Gebirgszugs ist **Sneem** mit seinen bunten Häusern um einen grünen Dorfanger hübsch anzusehen. Bei Castlecove sollte man Ausschau nach einem Wegweiser zum **Staigue Fort** halten. Die bis zu 4 m hohen terrassierten Mauern dieser prähistorischen Ringfestung wurden ohne Mörtel aufgeschichtet; innerhalb des Walls befinden sich zwei kleine Kammern. Die Zufluchtsstätte muss um 500 v. Chr. entstanden sein.

In der Nähe von Caherdanicl zweigt eine Straße meerwärts Richtung **Derrynane House** ab. Auf diesem Herrensitz lebte bis 1847 Daniel O'Connell.

Waterville ist ein traditionsreiches Seebad. Menhire und Dolmen weisen darauf hin, dass hier einst, in prähistorischer Zeit, eine bedeutende Begräbnisstätte lag. Von Portmagee führt eine Brücke nach **Valentia Island**. Von hier aus wurde 1866 das erste Transatlantik-Kabel verlegt und eine telegrafische Verbindung mit Amerika hergestellt.

Im *Skellig Experience Centre* erzählt eine Tonbildschau vom Leben der ersten irischen Christen, die sich auf einer Insel der Felsengruppe **Skellig Islands** niedergelassen hatten. Mit Booten gelangt man bis nach Skellig Michael mit seinen hoch aufragenden Felsen. Vom Landungssteg führen steile Stufen empor zum Kloster, das zwischen dem 7. und 12. Jh. von Mönchen bewohnt war. Die benachbarte Insel Little Skellig darf nicht betreten werden; in diesem Vogelschutzgebiet nisten Tausende von Tölpelpaaren.

An der Nordküste der Halbinsel fallen grüne Hügel und steile Felsen buchstäblich in die **Dingle Bay**. Zwischen Glenbeigh und Killorglin schützen mächtige Sandbänke die Küste vor der Gewalt des Meeres. Der feine goldene Sand des 6 km langen **Rossbeigh Strand** ist fantastisch.

In **Killorglin**, der letzten Stadt der Rundfahrt, freut man sich das ganze Jahr auf die »Puck Fair« (Koboldmesse) im August.

Dingle-Halbinsel

Auf der malerischen Dingle-Halbinsel gibt es unzählige prähistorische und frühchristliche Monumente. In dieser Gegend wird noch überwiegend Gälisch gesprochen. **Dingle** *(An Daingean)* ist stolz darauf, die westlichste Stadt Europas zu sein. Die Straßen sind gesäumt von Läden und Cafés, im Hafen ankern in- und ausländische Fischtrawler.

Dunbeg, eine direkt am Meer gelegene Befestigungsanlage aus der Eisenzeit, wird durch Wälle und Gräben und einen komplizierten Eingang geschützt. Archäologischen Untersuchungen zufolge wurde die Festung 580 v. Chr. erbaut und bis ins 11. Jh. n. Chr. genutzt.

Auf der Fahrt nach Fahan sieht man an den Abhängen des **Mount Eagle** die prähistorischen »Bienenkorb«-Steinhütten *(clochán)*. Der 517 m hohe Berg lohnt einen Aufstieg, da sich bei klarem Wetter ein herrlicher Blick bietet.

An ruhigen Tagen verführt eine kleine Sandbucht bei **Slea Head** abgehärtete Besucher zum

fotolia.com/Kwiatek7

Traditionelles irisches Reetdach-Cottage bei Killarney.

Schwimmen. Vor der Küste liegen die zerklüfteten Blaskett Islands, die 1953 von ihren letzten Bewohnern verlassen wurden.

Westlich von Smerwick Harbour, an der Nordküste der Halbinsel, liegen im Schilf versteckt die Ruinen des **Fort del Oro**, das 1579 von spanischen Soldaten erbaut wurde. Sie hatten den Auftrag, während der Regierungszeit von Elisabeth I. eine katholische Rebellion zu unterstützen. Die Festung wurde von der englischen Marine gestürmt.

Gegen den Horizont im Osten hebt sich **Mount Brandon** ab, mit 953 m der zweithöchste Berg Irlands.

Tralee selbst ist nicht besonders attraktiv, aber hier findet jeden August die Wahl zur »Rose of Tralee« statt, der Schönheitswettbewerb der jungen Irinnen – ein riesiges Festival mit Straßenparaden, Konzerten und Feuerwerk. Die Ausstellung des **Kerry County Museum** führt die Besucher durch die Geschichte Tralees, und eine Tonbildschau bringt ihnen Land und Leute der Grafschaft näher.

Im Süden von Tralee steht die renovierte Blennerville-Windmühle samt Besucherzentrum, in der seit 200 Jahren Getreide gemahlen wird.

Vom benachbarten Kai aus haben viele Iren ihr Land für immer verlassen. Mit der originalgetreu nachgebauten *Jeanie Johnston*, einem Segelschiff, das einst unzählige Auswanderer an Bord hatte, wurde 2003 von hier aus eine Gedenkfahrt nach Nordamerika gestartet.

Waterford City

Waterford im Osten der gleichnamigen Grafschaft liegt ein kleines Stück vom Meer entfernt an der Mündung des breiten River Suir. Es war schon zu Zeiten der Wikinger ein bedeutender Flusshafen. Der **Reginald's Tower** am Südufer steht an der Stelle eines Wikingerforts, das von Strongbows Normannen 1170 erobert wurde. Nach seiner Nutzung als Münzstätte, Gefängnis und Polizeistation dient das Gebäude heute als Stadtmuseum.

Die beiden **Kathedralen** von Waterford stammen aus der georgianischen Ära, ebenso wie die elegante Mall und die City Hall mit einem Kronleuchter aus der **Waterford Crystal Factory**. Diese Glasfabrik befand sich in Kilbarry 3 km südwestlich von Waterford. Sie wurde 1783 in Betrieb genommen, stellte ihre Produktion jedoch 1851 ein, als die Regierung in London die irischen Exporte mit Steuern belegte. 1947 nahm die Fabrik ihren Betrieb wieder auf; seit 2010 empfängt das neue Besucherzentrum im Stadtzentrum Schau- und Kauflustige, die sich für Kristallglas und dessen Herstellung interessieren.

PRAKTISCHE HINWEISE

Besucherpässe. Der *Dublin Pass* (1 bis 6 Tage gültig) bietet kostenlosen Eintritt zu den hauptsächlichen Museen und Sehenswürdigkeiten und Ermäßigungen auf Verkehrsmittel. Der *Belfast Visitor Pass* (für 1 bis 3 Tage) berechtigt zur Benutzung von Bussen und Bahnen und gewährt ermäßigten Eintritt zu Museen, Attraktionen und bestimmten Lokalen.

Geld. In Nordirland zahlt man mit britischen Pfund Sterling. Es gibt nordirische Banknoten, die dem Nennwert der Scheine der Bank von England entsprechen. In der Republik Irland wird der Euro verwendet.

Klima. Das irische Wetter ist unbeständig. Es ist selten heiß, meist kühl und oft nass, besonders im Westen.

Öffnungszeiten. *Banken*: Montag bis Freitag 9.30–16.30 Uhr in Nordirland; Montag bis Freitag 10–16 Uhr in der Republik. Fremdwährungen und Travellerschecks können zu weniger günstigen Kursen auch in großen Hotels gewechselt werden. *Geschäfte*: im Allgemeinen Montag bis Samstag 9–17.30 oder 18 Uhr; einige Geschäfte sind auch am Sonntag geöffnet, und Supermärkte schließen oft später. *Postamt*: Montag bis Freitag 9–17 Uhr, am Samstag 9–13 Uhr. *Museen*: im Allgemeinen 9.30 oder 10 Uhr bis 16 oder 17 Uhr. Einige sind montags geschlossen.

Rauchen. In der Republik Irland und in Nordirland gilt ein Rauchverbot an allen öffentlichen Orten (Restaurants, Pubs usw.).

Religion. In Nordirland gibt es einen großen Anteil an Katholiken, die Mehrheit der Bevölkerung ist jedoch protestantisch. In der Republik Irland überwiegen die Katholiken (etwa 87%).

Strom. Die Spannung beträgt 220 bis 240 Volt. Für Steckdosen sind dreipolige Zwischenstecker erforderlich.

Sicherheit. In den Städten sollten Sie folgende Vorsichtsmaßnahmen berücksichtigen: bei Nacht dunkle Straßen meiden, nur an gut beleuchteten oder bewachten Orten parken und keine Wertgegenstände unbeaufsichtigt lassen.

Telefon. Um nach Deutschland, Österreich oder in die Schweiz zu telefonieren, wählen Sie 0049 bzw. 0043 oder 0041, danach die Ortsvorwahl ohne 0 und die Rufnummer.

Trinkgeld. Die Bedienung ist in Hotels und einigen Restaurants inbegriffen; in anderen gibt man für gute Bedienung 10% oder mehr. Gepäckträger und Friseur sollten ebenfalls ein Trinkgeld erhalten, und Taxifahrer erwarten rund 10% des Fahrpreises.

Brighton
English Channel
King's Beach
Brighton Pier
West Pier
i360
Eastbourne
Worthing
London
200 m
0
N
Sea Life Centre
Clock Tower
Madeira Drive
Marine Parade
Grand Junction Road
King's Road
Old Steine
Steine Gardens
Fountain
War Memorial
Royal Pavilion
Royal Pavilion Gardens
Museum & Art Gallery
The Dome
Corn Exchange Theatre
Pavilion Theatre
Theatre Royal
Chapel Royal
Victoria Statue
Victoria Gardens
Brighton University
County Court
Grand Parade
Marlborough Place
Pavilion Parade
Old Steine
North Street
The Lanes
Brighton Square
Town Hall
Bartholomew Sq
Fishing Museum
Middle Street Synagogue
Hippodrome
Bingo
Ship St Gardens
Fabrica at Trinity Church
Clock Tower
St Pauls Church
Churchill Square Shopping Centre
Odeon
Brighton Centre
The Grand
Old Catholic Church
Regency Square
Clarence Square
Russell Square
Queen's Road
Dyke Road
West Street
Western Rd
Preston Street
Little Preston Street
Stillwood Rd
Regency Mews
Castle St
Stone St
Spring St
Dean St
Crown St
Marlborough St
Regent Hill
Cannon Pl
Russel Road
Queensbury Mews
Regenty Road
Cranborne St
Queen Sq
Zion Gdns
Windsor Street
Portland Street
King Pl
Church Street
Jew St
Bond Street
Gardner St
Regent St
New Road
Princes Pl
Pavilion Buildings
Palace Place
Castle Square
Steine Lane
East Street
Pool Valley
Little East St
King's Road
Black Lion St
Bartholomew
Prince Albert St
Meeting House Lane
Union St
Ship St
Ship Street
Dukes Lane
Duke Street
Middle St
Middle Street
Boyces St
South St
Nile St
Mkt St
Regent Arcade
St James Street
Steine St
Manchester St
Charles St
Princes Street
Pavilion St
Steine Gdns
Edward St
Grand Parade Mews

Bristol
Broadmead
Cabot Circus
The Galleries
Bond Street
Temple Way
Temple Way Inner
Circuit Road
Temple
Temple Meads
Bristol Temple Meads Railway Station
Temple Circus
Redcliffe Mead Lane
Redcliffe Way
Redcliffe
St Mary Redcliffe
Thomas Chatterton House
Redcliffe Hill
Redcliffe Backs
Redcliffe Bridge
Redcliffe Parade
Prewett St
Church Lane
Temple Back
Counterslip
Victoria Street
St Thomas Street
Redcliff Street
Passage Place
St Philip & St Jacob's
Castle St
Castle Park
St Peter's
Broad Weir
Newgate
Union St
Fairfax
Wine Street
Christ Church
Bristol Bridge
High Street
Corn Exchange
St Nicholas Street
Corn Street
Baldwin Street
Llandoger Trow
Welsh Back
Queen Charlotte Street
Theatre Royal
King Street
Queen Square
The Grove
Bathurst Basin
Swing Bridge
Wapping Road
Prince Street
Broad Quay
Colston Ave
The Centre
St Augustine's Parade
St Augustine's Reach
Pero's Bridge
Arnolfini
M Shed
John Wesley's Chapel New Room
Broadmead
Lewins Mead
Rupert Street
Guildhall
Broad Street
St Stephen's
Nelson St
Christmas Steps
Perry Road
Colston St
Trenchard Street
200 m
0
N
Red Lodge Museum
Park Row
St Mark's
College Green
Watershed Media Center
At-Bristol
Millennium Square
Planetarium
Harbour Way
Canons Way
Floating Harbour
Bristol Cathedral
Council House
Deanery Rd
Frogmore Street
Park Street
West End
Georgian House Museum
Great George Street
Woodland Road
Wills Tower
Bristol Museum & Art Gallery
Queen's Road
Cabot Tower
Brandon Hill Park
Queen's Parade
Road
St Georges
Anchor Road
Hotwell Road
Brunel's SS Great Britain
Maritime Heritage Centre
Cumberland Road

Dover
N
0
500 m
Strait of Dover
Outer Harbour
Eastern Docks
Castle Jetty
Western Docks
Gateway to the White Cliffs Visitor Centre
Jubilee Way
Upper Road
Bleriot Memorial
Dover Castle
The Pharos
St Mary-in-Castro
Godwin Rd
Harold's Rd
Knights Rd
West Norman R.
Constables Rd
Canons Gate Rd
Queen Elizabeth Road
East Cliff
Back Rd West
Dock Exit Rd
Marine Parade
Deal Road
Edinburgh Hill
Upper Road
Fort Burgoyne Rd
Guston Road
Castle Hill Road
Victoria Pk
Laureston Place
Old St James Church
Leisure Centre
Connaught Rd
Connaught Park
Pharos Drive
Monastery Ave
Castlemount Rd
Leybourne Rd
Harold St
Taswell St
Godwyne Rd
Maison Dieu Road
Castle St
Russel St
Pencester Road
Pencester Gardens
St Marys Church
Dover Museum
St James St
Queen St
Townwall Street
Marine Parade Gardens
The Gateway
Wellesley Rd
Crescent Promenade
Waterloo Crescent
Cambridge Rd
York St Roundabout
De Bradelei Wharf
Marina
Wellington Dock
Union Street
Snargate Street
Avenue Road
Park Avenue
Castle Avenue
Salisbury Rd
Albert Rd
Hewitt Rd
Dour St
Maison Dieu
Old Town Goal
Biggin St
Gannon St
New St
Priory St
York Street
Roman Painted House
Dover Discovery Centre
Adrian St
Durham Hill
Drop Redoubt
Ditch
Grand Shaft
Princes of Wales Roundabout
Cruise liner
Priory Rd
Saxon Rd
Ladywell
Effingham St
Folkestone Road
Military Road
Dover College
Priory Hill
Dover Priory
Clarendon Rd
Malvern Rd
Clarendon St
Clarendon Place
North Military Road
Drop Redoubt Rd
Centre Road
Western Heights Viewpoint
Western Heights
North Ditch
Frith Road
Beaconsfield Ave
Charlton Green
Charlton Centre
Superstore
Bridge St
Church St
High St
Tower Hamlets Rd
London Road
De Burgh Hill
Templar St
Balfour Rd
Millais Rd
Beaconsfield Rd
Alexandra Rd
Shooter's Hill
George Street
Widred Rd
Tower St
Hamleton Rd
Dickson Rd
Tower St
North Rd
Tower Hill
The Abbots
Edred Rd
Odo Rd
South Road
Douglas Rd
Lowther Rd
Wyndham Rd
Avenue
Victoria St
Maison Dieu
Radigund's Rd
Magdala Rd
Coombe Valley Rd
Edgar Rd
Prospect Pl
Harbour View Rd
Noah's Ark Rd
Goschen Rd
Devonshire Rd
Astor Avenue
Tower Hamlets
Winchelsea Terrace
Winchelsea St
Belgrave Rd
Underdown Rd
Longfield Road
Westbury Rd
Westbury Cres
Vale Vw. Rd

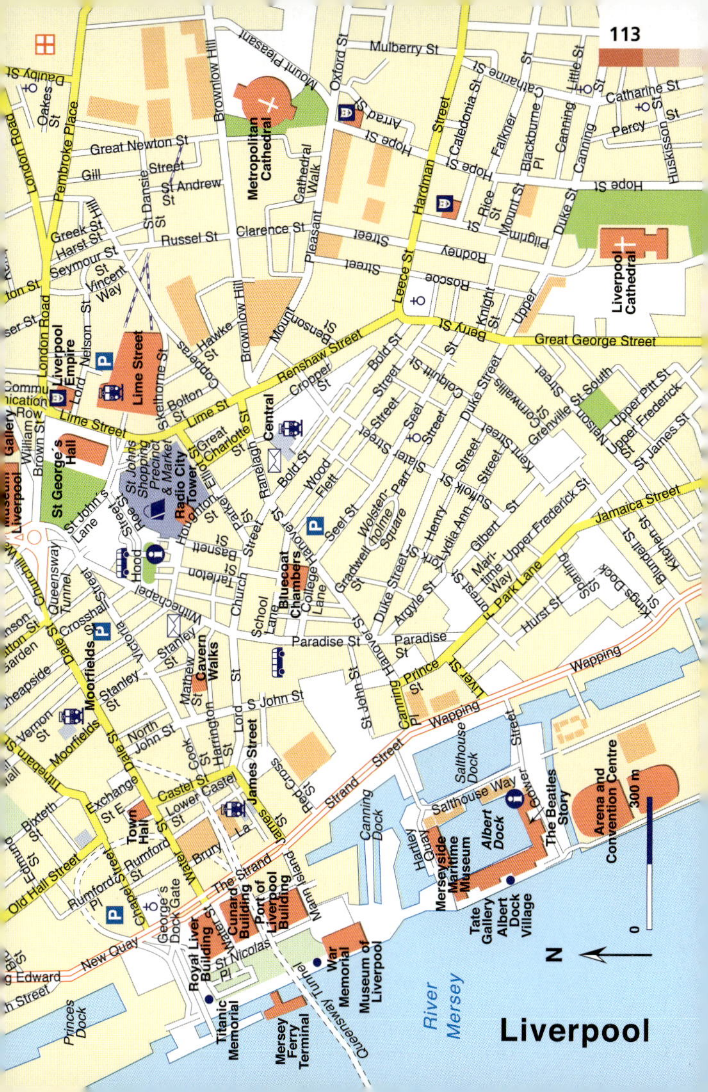
Liverpool
Mulberry St
Mount Pleasant
Oxford St
Catharine St
Little St
Dauby St
Oakes St
London Road
Pembroke Place
Brownlow Hill
Metropolitan Cathedral
Cathedral Walk
Arrad St
Hope St
Caledonia St
Falkner
Blackburne Pl
Canning
Percy St
Huskisson St
Great Newton St
Gill Street
St Andrew St
St Dansie St
Hardman Street
Rice St
Mount St
Pilgrim
Duke St
Greek St
Hill
Harst St
Russel St
Clarence St
Pleasant
Rodney Street
Seymour St
St Vincent Way
Roscoe Street
Leece St
Knight St
Upper
Liverpool Cathedral
London Road
Nelson St
Hawke St
Brownlow Hill
Mount
Benson St
Berry St
Great George Street
Liverpool Empire
Lord Nelson St
Lime Street
Skelthorne St
Copperas Hill
Renshaw Street
Bold St
Colquitt St
Nelson St
Grenville St South
Upper Pitt St
Upper Frederick St
Community Row
Bolton St
Lime St
Cropper St
Central
Cornwallis St
Gallery
William Brown St
Lime Street
Great Charlotte St
Seel St
Slater Street
Kent St
St James St
St George's Hall
St Johns Shopping Precinct & Market
Radio City Tower
Elliot St
Ranelagh St
Wood St
Fleet St
Parr St
Suffolk Street
Liverpool Museum
St George's
St John's Lane
Roe St
Houghton St
Parker St
Bold St
Wolstenholme Square
Henry St
Gilbert St
Upper Frederick St
Jamaica Street
Kitchen St
Blundell St
Queensway Tunnel
Hood St
Basnett St
Church Street
Hanover St
Seel St
Gradwell St
York St
Lydia Ann St
Maritime Way
Tarleton St
Bluecoat Chambers
College Lane
Duke Street
Forrest St
Argyle St
Park Lane
Sparling St
Kings Dock St
Whitechapel
School Lane
Paradise St
Hurst St
Crosshall St
Victoria
Stanley St
Paradise St
Dale St
Cavern Walks
Mathew St
Hanover St
Liver St
Wapping
Prince St
Canning Pl
Cheapside
Moorfields
Stanley St
St John's Lane
S John St
Lord St
Harrington St
Vernon St
North John St
Cook St
James Street
Red Cross St
Strand Street
Wapping
Salthouse Dock
Dale St
Tithebarn St
Moorfields
Exchange St E
Castle St
Lower Castle St
Strand
Canning Dock
Salthouse Way
Gower Street
The Beatles Story
Arena and Convention Centre
300 m
Bixteth St
Edmund St
Town Hall
Water St
Brunswick St
Hartley Quay
Albert Dock
Old Hall Street
Rumford St
Rumford Pl
Chapel Street
George's Dock Gate
The Strand
Cunard Building
Port of Liverpool Building
Mann Island
James St
Merseyside Maritime Museum
Tate Gallery
Albert Dock Village
New Quay
Royal Liver Building
Water St
St Nicolas Pl
War Memorial
Museum of Liverpool
0
N
Edward
Street
Princes Dock
Titanic Memorial
Mersey Ferry Terminal
Queensway Tunnel
River Mersey
Liverpool

Regent's Park
Lord's Cricket Ground
Sherlock Holmes Museum
Madame Tussauds
Marylebone Station
Baker Street
Great Portland St
Warren Street
Euston Station
Euston Square
University College
Bloomsbury
University of London
Regent's Park
Edgware Road
Marylebone Rd
Marylebone Rd
Edgware Rd
Park Rd
Euston Rd
St Marylebone
Goodge Street
Tottenham Court Rd
Marylebone
Tottenham Court Road
Wallace Collection
St John & St Michael
Sussex Gardens
Praed St
Seymour St
Portman Sq
Wigmore St
Cavendish Sq
Bond Street
Oxford St
Oxford Circus
Marble Arch
Soho
Bayswater Rd
Cumberland Gate
Speaker's Corner
Grosvenor Sq
Mayfair
Piccadilly Circus
Leicester Sq
Royal Institution
Burlington House (Royal Academy of Arts)
Café Royale
Eros Fountain
Hyde Park
The Serpentine
Serpentine Rd
Green Park
Piccadilly
Wellington Museum
Apsley House
Green Park
St James's Palace
Marlborough House
St James' Park
The Mall
Pall Mall
Hyde Park Corner
Wellington Arch
Hyde Park Barracks
Knightsbridge
Kensington Rd
Royal Albert Hall
Buckingham Palace
Queen's Gallery
St James's Park
Westminster Abbey
Science Museum
Holy Trinity Brompton
Harrods
Belgrave Sq
Royal Mews
Westminster City Hall
Victoria St
Victoria & Albert Museum
Brompton Oratory
Natural History Museum
Brompton Rd
Victoria
Victoria Station
Westminster Roman Catholic Cathedral
South Kensington
Sloane St
Sloane Square
Victoria Coach Station
Vauxhall Bridge Rd
Fulham Rd
King's Rd
Saatchi Gallery
Chelsea
Pimlico Rd
Pimlico
Belgrave Rd
Bessborough St
Chelsea Bridge Rd
Royal Hospital Rd
Chelsea Embankment
Chelsea Bridge
Grosvenor Rd
Churchill Gdns. Rd

Finsbury
Skinner St
St John St
Percival St
Lever St
Bath St
Old St
Old St
Curtain Rd
Great Eastern St
Gray's Inn Rd
Calthorpe St
Farringdon Rd
Guilford St
The Charles Dickens Museum
Goswell Rd
Whitecross St
Bunhill Row
City Rd
Leonard St
Paul St
Shoreditch High St
Clerkenwell Rd
Clerkenwell Rd
Farring-don
St John St
Barbican
Beech St
Chiswell St
Moorgate
Sun St
Appold St
Bishopsgate
Theobald's Rd
Hatton Garden
Farringdon Rd
Gray's Inn
Chancery Lane
Gray's Inn Rd
Charterhouse St
Smith-fields
Long Ln
Aldersgate St
Barbican
St Giles
Moorgate
Finsbury Circus
Liverpool St Station
Procter St
High Holborn
Holborn Circus
Holborn Viaduct
London Museum
London Wall
London Wall
Old Broad St
Houndsditch
Middlesex St
Staple Inn
Chancery Ln
Fetter Lane
Old Bailey
Guildhall
Lincoln's Inn Hall
Kingsway
Farringdon St
City Thameslink Station
Newgate St
City
Gresham St
Bank of England
St Helen's
Aldgate
St Paul's
Cheapside
Bank
Threadneedle St
Royal Courts of Justice
Fleet St
St Bride's
New Br St
St Paul's Cathedral
Cannon
Poultry
Cornhill
Leadenhall St
Aldgate
Minories
Opera
Aldwych
Inns of Court & Chancery
St Mary-le-Bow
St Stephen Walbrook
Gracechurch St
Lloyd's
Fenchurch St
Fenchurch St Station
Temple
Middle & Inner Temples
Queen Victoria St
Blackfriars Station
Mansion House
Queen St
Thames St
Monument
Monument
Tower Hill
Garden
Somerset House
Victoria Embankment
Cannon St Station
Lower Thames St
Tower Hill
River Thames
Oxo Tower
Blackfriars Bridge
Millennium Bridge
Globe Theatre
Southwark Bridge
London Bridge
St Magnus the Martyr
Tower of London
Cross
Waterloo Bridge
Cross Station
Royal National Theatre
Tate Modern
Park St
Southwark Cath.
HMS Belfast
Queen Elisabeth Hall
Hay's Galleria
Tower Bridge
Southwark Bridge Rd
Southwark St
London Bridge
London Bridge Station
Royal Festival Hall
Stamford St
Blackfriars Rd
Southwark
Belvedere Rd
Waterloo
Union St
Union St
Shard London Bridge
St Thomas St
Tooley St
Tooley St
London Eye
York Rd
The Cut
Southwark
County Hall
Waterloo Station
Waterloo Rd
Borough
Borough High St
Tower Bridge Rd
Bermondsey St
Florence Nightingale Museum
Lambeth North
Bridge Rd
Long Lane
Westminster Bridge Rd
St George's Circus
Borough Rd
Borough
Trinity St
Holy Trinity
Great Dover St
Abbey St
St George's Cathedral
London Rd
Southwark
Harper Rd
Lambeth Palace Rd
Lambeth Rd
St George's Rd
Grange Rd
Lambeth Palace
Imperial War Museum
Elephant & Castle
Lambeth
Brook Drive
New Kent Rd
Elephant & Castle Station
Fitzalan St
Kennington Rd
N
Rodney Rd
Old Kent Rd
Lambeth
Prince Rd
East St
Penton Place
Walworth Rd
East St
Portland St
Lane
Kennington Park Rd
Kennington
0
500 m
Albany Rd
Kennington
Kennington Rd
Chapter Rd
Durham St
Harleyford Rd
The Oval Cricket Ground
Cook's Rd
Guildford
London

Newcastle upon Tyne

River Cruise
Gateshead Millennium Bridge
Baltic, Centre for Contemporary Art
South Shore Rd
300 m
0
Sage Gateshead
Gateshead Quays
Gateshead Heritage Centre
Oakwellgate
Quaysgate
Hawks Road
East St
Gateshead
High St
Lambton St
Swinburne St
Gateshead Old Town Hall
Askew Road
Church St
Hillgate
Bottle Bank
Bridge St
Tyne Bridge
Cannon St
Swing Bridge
High Level Bridge
High Level Rd
Fletcher Rd
Pipewellgate
River Tyne
Newcastle Quayside
Close
Hanover St
Queen Elizabeth II Bridge
Skinnerburn Rd
Pottery Lane
Forth Banks
Forth St
Metro Radio Arena
New Redheugh Bridge Road
Railway St
Scotswood Rd
Marlborough Crs
International Centre for Life
Churchill St
Westmorland Rd
St James Boulevard
Discovery Museum
Dance City
Waterloo St
Journal Tyne Theatre
Westgate Road
Bath Lane
West Walls
Stowell St
Chinatown
Fenkle Street
The Gate
Empire Cinema
St Andrew St
Percy St
Clayton Street
Newgate St
Grainger Market
Grainger St
St John the Baptist Church
Neville St
Newcastle Central Station
Newcastle
St Mary's Cathedral
Clayton St
Forth Street
Orchard Street
Town Walls
Pudding Chare
Bigg Market
Groat Market
Cloth Market
Old Newcastle
Westgate Road
St Nicholas St
St Nicholas Cathedral
Grainger Town
Theatre Royal
High Bridge
Grey Street
Pilgrim Street
Mosley St
Dean St
Side
Castle Keep
Moot Hall
Sandhill
Guildhall
Bessie Surtees House
All Saints Church
Dog Bank
Live Theatre
Quayside Gallery
Quayside
Broad Chare
Law Courts
Forster St
Pandon St
Heath Court
City Road
City Rd
Swan House Roundabout
Worswick St
Melbourne St
Manors Station
Tower St
Stepney Street
Jubilee Rd
Buxton St
Gibson St
Sandgate
Quayside
N

Plymouth Railway Station (500 m)
Methodist Central Hall
City Museum and Art Gallery
Charles St
Hampton St
Constantine St
Green St
Hill St
Exeter Street
Cornwall Street
Armada
Armada
Drake Circus
Eastlake St
Market Hall
Charles Church
Charles Cross
Armada Sundial
New George Street
Old Town Street
Rateigh-street
Courtenay St
Bilbury Street
Breton Side
Breton
City Flagstaff
Royal Parade
Derry's Cross
St Andrew's Cross
St Andrew's Church
Kinterbury Street
How Street
Tin Lane
Royal Theatre
Guildhall
Civic Centre
Whimple St
Prysten House
Looe Street
Old George Street
Princess Way
Crown & County Courts
Catherine St
Magistrates Courts
Buckwell Street
Batter Street
Stillman St
Princess Street
Princess St Ope
Fineswell St
Palace Street
Athenaeum Theatre
Merchant's House Museum
St Andrew Street
Notte Street
Vauxhall Street
Custom House
Sutton Harbour
Pannier Market
Basket Ope
Quay Rd
Barbican Glassworks
Lockyer Street
Windsor Place
Sussex St
Zion Street
Hoe Street
Hoe Approach
Hoegate Street
Plymouth Gin Distillery
Southside Street
Friars Lane
Pin Lane
Stokes Lane
Athenaeum Street
Alfred Street
Citadel Road
Citadel Road West
Citadel Road East
New Street
Lambhay Hill
Elizabethan House
Mayflower Steps
Castle St
Hoe Road
Putting Green
Barbican
Elliot Street
Holyrood Place
Osborne Place
Bowling Green
Hoe Park
Lambhay St
National Marine Aquarium
Elliot Terrace Lane
The Esplanade
War Memorials
Drake's Statue
Armada Memorial
Hoe Road
Lambhay Hill
The Promenade
ROYAL CITADEL
Smeaton's Tower
The Hoe
Hoe Road
Madeira Road
Madeira Road
N
Plymouth
Tinside Lido
0
300 m
The Sound

Southampton

Ärmelkanal
1 Victorian Shop & Parlou
2 Market Hall
3 States of Guernsey
4 St James Concert & Assembly Hall
5 The Guernsey Tapestry
6 Old Government House
St John's Rd
Rope Walk Ln
St Clements Rd
St George's Esplanade
Piette Rd
Les Amballes
New Paris Rd
Paris St
Well Rd
Beau Sejour Leisure Centre
Cambridge Park
Les Cotils
Bruce Ln
Les Canichers
Don St
Bosq Ln
Glategny Esplanade
Queen Elizabeth II Marina
E Breakwater
Cambridge Park Rd
L'Hyvreuse
Les Vauxlaurens
Beauregard Ln
Priaulx Library
Guernsey Museum & Galleries
Candie Gardens
Candie Rd
St Julian's Ave
Le Truchot
Lower Pollet
St Julian's Emplacement
Monument Rd
Victoria Tower
Upland Rd
Hospital Ln
Hirzel St
Ann's Pl
College St
Forest Ln
Smith St
N Esplanade
Victoria Pier
New Jetty
St James St
Le Febvre St
Le Pollet
Grange Rd
Havilland St
St John St
N Clifton
Sausmarez St
New St
Berthelot St
High St
The Quay
The Harbour
Diellette, Weymo
Poole, Portsmo
St Helier, Saint-
Union St
Clifton
Market Square
Cow Ln
Town Church
Albert Pier
Vauvert
Allez St
Clifton Steps
Market St
Fountain St
Cornet St
S Esplanade
Fish Quay
Castle Emplacem
Rosemary Ln
Castle Pier
Castle Cornet
New Pl
Victoria Rd
Les Petites Fontaines
Vauvert
Burn Ln
Back St
Mansell St
Tower Hill
Cliff St
Le Bordage
Pedvin St
Mount Durand
Holy Trinity Church
The Stand
Les Echelons
Park St
Rue du Pré
Park Ln
Val Fleuri
Hauteville
Victor Hugo House, Hauteville House
Havelet Bay
N
0
300 m
La Charroterie
Le Val des Terres
La Valette
Montville Dr
Havelet Rd
Les Vardes
George Rd
Saint Peter Por
La Valette Underground Military Museum
Godaines Ave
Belvedere Light
La Valette Bathing Pool
Guernsey Aquarium

Saint Helier
West Park
People´s Park
Victoria Park
Parade Gardens
General Hospital
Opera House
Town Hall
Les Jardins de la Mer
Springfield Stadium
Supermarket
St Thomas
Methodist Church
Royal Square
St Helier Parish Church
Jersey Museum
Fort Regent Leisure Centre
Liberation Sculpture
Albert Harbour
Occupation Tapestry and Maritime Museum
Old Harbour
St Helier Marina
Elizabeth Marina
Elizabeth Terminal
Ferry Terminal
Elizabeth Harbour
Victoria Marina
Elizabeth Castle
St Helier Harbour
Guernsey, Portsmouth
Saint-Malo, Granville
Green Street Cemetery
Howard Davis Park
St Lukes
South Hill Park
La Collette Gardens
Havre des Pas
Bathing Pool
La Route de Saint-Aubin A1
Victoria Ave A1
Esplanade
St Aubins Rd
Westmount Rd
Old Saint Johns Rd
New Saint Johns Rd
Rouge Bouillon
Elizabeth Pl A9
Roussel St
Great Union Rd
Brighton Rd
Clairvale Rd
Midvale Rd
Clearview St
Columbus St
Albert St
Dorset St
Val Plaisant
Byron St
St Marks Rd
Byron Ln
Stopford Rd
Oxford Rd
Chevalier Rd
Bath St
Windsor Rd
Victoria St
Poonah Rd
Great Union Rd
Aquila Rd
Savile St
Clare St
Cannon St
Vauxhall St
Gas Pl
Robin Pl
Tunnell St
Simon Pl
Belmont Rd
St Saviours Rd
A7
Lewis St
Kensington Pl
Patriotic St
Gloucester St
The Parade
Seaton Pl
Devonshire Pl
Le Geyt St
Union St
New St
Craig St
Grove St
Halkett Pl
James St
Burrard St
Philips St
Charles St
Brooklyn St
Ann St
Wesley St
Pleasant St
Hill St
Castle St
Beresford St
Peter St
Hilgrove St
Hilary St
Queen St
Seale St
Sand St
York St
Dumaresq St
Hue St
Broad St
King St
Don St
Anley St
Commercial St
Castle St
A1
Conway St
Mulcaster St
La Route de la Libération A1
La Rue de l'Etau
La Route du Fort
Elizabeth Pier
Albert Pier
Commercial Buildings A16
Pier Rd A4
Fort Regent
The Tunnel A17
La Motte St
Grosvenor St
College Hill
Le Breton Ln
Chapel Ln
Clarence Rd
Don Rd
St James St
La Colomberie
La Chasse
Grenville St
Regent Rd
Green St
Le Mont Millais
Hastings Rd
Roseville St
St Clements Rd
A17 La Route du Fort
Cleveland Rd
La Rue de l'Est
South Hill
Ave du Petit Mont
Rope Walk
Havre-des-Pas Gardens
Marett Rd
Havre des Pas
A4
Mount Bingham
The Quay A4
La Route du Veule
La Rue Gosset
La Rue Matthew Valpy
1 Public Library
2 Indoor Fish Market
3 Victorian Indoor Market
4 St James Theatre
N
0
500 m

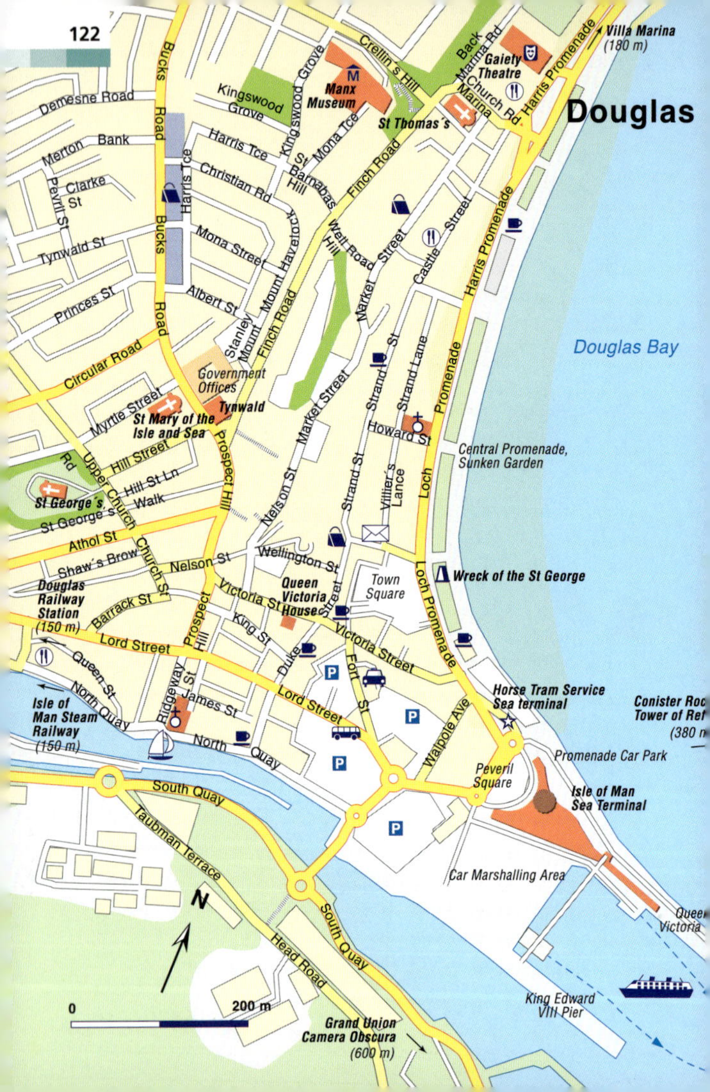
Douglas
Douglas Bay
Villa Marina (180 m)
Gaiety Theatre
Manx Museum
St Thomas's
Government Offices
Tynwald
St Mary of the Isle and Sea
St George's
Central Promenade, Sunken Garden
Wreck of the St George
Town Square
Queen Victoria House
Douglas Railway Station (150 m)
Isle of Man Steam Railway (150 m)
Horse Tram Service Sea terminal
Conister Roc
Tower of Ref
(380 m
Promenade Car Park
Peveril Square
Isle of Man Sea Terminal
Car Marshalling Area
Queen Victoria
King Edward VIII Pier
Grand Union Camera Obscura (600 m)
N
0
200 m
Demesne Road
Bucks Road
Kingswood Grove
Kingswood Grove
Crellin's Hill
Back Marina Rd
Church Rd
Marina
Harris Promenade
Merton Bank
Harris Tce
Mona Tce
St Barnabas Hill
Finch Road
Clarke St
Peveril St
Christian Rd
Mount Havelock
Mona Street
Well Road Hill
Market Street
Castle Street
Tynwald St
Albert St
Stanley Mount
Princes St
Strand St
Strand Lane
Promenade
Circular Road
Myrtle Street
Howard St
Nelson St
Villier's Lance
Loch Promenade
Hill Street
Upper Church Rd
Hill St Ln
St George's Walk
Prospect Hill
Athol St
Shaw's Brow
Church St
Nelson St
Wellington St
Victoria Street
Barrack St
King St
Duke Street
Lord Street
Fort St
Queen St
North Quay
Ridgeway St
James St
Walpole Ave
South Quay
Taubman Terrace
Head Road

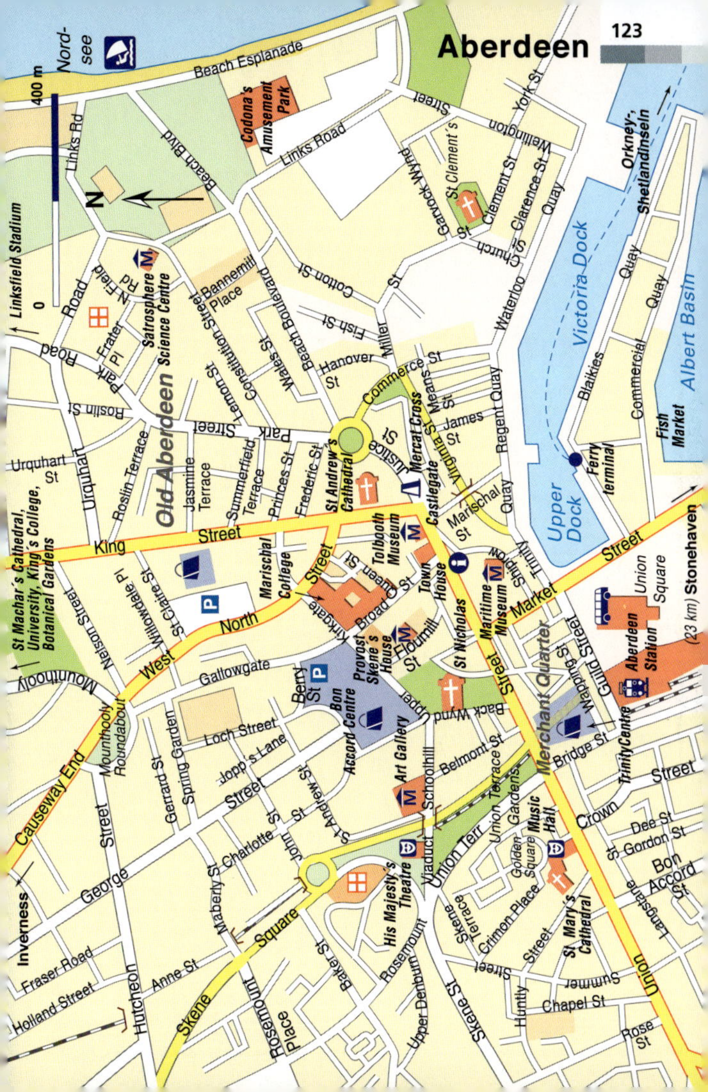
Nord-
see
400 m
0
N
Beach Esplanade
Codona's Amusement Park
Links Rd
Beach Blvd
Links Road
Linksfield Stadium
Satrosphere Science Centre
N Field Rd
Frater Pl
Park Road
Bannemill Place
Constitution Street
Wales St
Beach Boulevard
Cotton St
Fish St
Hanover St
Miller St
Garvock Wynd
St Clement's St
Clement St
Clarence St
Wellington Street
York St
Church St
Waterloo Quay
Victoria Dock
Orkney-, Shetlandinseln
Quay
Quay
Albert Basin
Blaikies
Commercial
Fish Market
Ferry terminal
Upper Dock
Regent Quay
Commerce St
Means St
James St
Virginia St
Marischal St
Quay
Trinity
Shiprow
Mercat Cross
Castlegate
Justice St
St Andrew's Cathedral
Park Street
Roslin St
Lemon St
Summerfield Terrace
Princes St
Frederic St
Jasmine Terrace
Roslin Terrace
Old Aberdeen
Urquhart St
Urquhart
King Street
St Machar's Cathedral, University, King's College, Botanical Gardens
Nelson Street
Mounthooly
Millowdale Pl
St Clair St
St Claire St
West North Street
Marischal College
Tolbooth Museum
Town House
Queen St
Broad St
Kirkgate
Provost Skene's House
Flourmill
St Nicholas
Maritime Museum
Market Street
Union Square
Stonehaven
(23 km)
Aberdeen Station
Guild Street
Wapping St
Merchant Quarter
Gallowgate
Berry St
Bon Accord Centre
Upper
Back Wynd
Mounthooly Roundabout
Causeway End
Loch Street
Jopp's Lane
Spring Garden
Gerrard St
Street
St Andrew St
Art Gallery
Schoolhill
Belmont St
Terrace
Union Gardens
Bridge St
TrinityCentre
Street
Crown
Dee St
Gordon St
Bon Accord St
Music Hall
Union Terr
Viaduct
Golden Square
Charlotte St
John St
George
Street
Inverness
Fraser Road
Holland Street
Anne St
Hutcheon
Maberly St
His Majesty's Theatre
Skene Square
Rosemount Place
Baker St
Rosemount
Skene Terrace
Crimon Place
St Mary's Cathedral
Street
Upper Denburn
Skene St
Street
Summer
Huntly
Chapel St
Rose St
Langstane
Union

Edinburgh

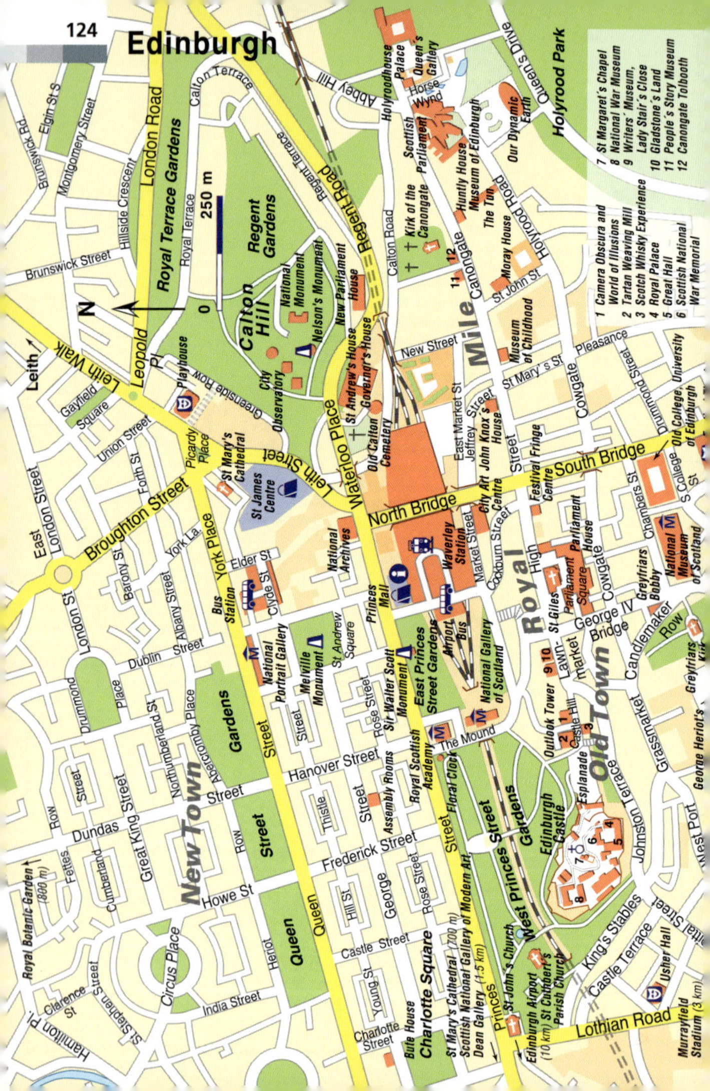
1 Camera Obscura and World of Illusions
2 Tartan Weaving Mill
3 Scotch Whisky Experience
4 Royal Palace
5 Great Hall
6 Scottish National War Memorial
7 St Margaret's Chapel
8 National War Museum
9 Writers' Museum, Lady Stair's Close
10 Gladstone's Land
11 People's Story Museum
12 Canongate Tolbooth
250 m
0
N
Holyrood Park
Queen's Drive
Our Dynamic Earth
Holyroodhouse Palace
Queen's Gallery
Horse Wynd
Abbey Hill
Scottish Parliament
Huntly House Museum of Edinburgh
The Tun
Holyrood Road
Moray House
St John St
Canongate
Kirk of the Canongate
Calton Road
Regent Road
Regent Terrace
Calton Terrace
Royal Terrace
Royal Terrace Gardens
London Road
Regent Gardens
Calton Hill
National Monument
Nelson's Monument
New Parliament House
City Observatory
St Andrew's House
Governor's House
Old Calton Cemetery
Greenside Row
Playhouse
Leopold Pl
Leith Walk
Leith
Gayfield Square
Union Street
Picardy Place
St Mary's Cathedral
Leith Street
St James Centre
Waterloo Place
New Street
East Market St
Jeffrey Street
John Knox's House
Royal Mile
Museum of Childhood
St Mary's St
Pleasance
Cowgate
Drummond Street
Old College, University of Edinburgh
South Bridge
Festival Fringe Centre
City Art Centre
North Bridge
Waverley Station
Market Street
Cockburn Street
High Street
Parliament House
Parliament Square
St Giles
Chambers St
S College St
National Museum of Scotland
Greyfriars Bobby
George IV Bridge
Candlemaker Row
Greyfriars Kirk
Lawnmarket
Old Town
Castle Hill
Outlook Tower
Esplanade
Edinburgh Castle
Johnston Terrace
Grassmarket
George Heriot's
West Port
King's Stables
Castle Terrace
Usher Hall
Lothian Road
Murrayfield Stadium (3 km)
St Cuthbert's Parish Church
St John's Church
Edinburgh Airport (10 km)
West Princes Street Gardens
Princes Street
Scottish National Gallery of Modern Art
Dean Gallery (1.5 km)
St Mary's Cathedral (700 m)
Floral Clock
The Mound
National Gallery of Scotland
Airport Bus
East Princes Street Gardens
Sir Walter Scott Monument
Princes Mall
National Archives
Royal Scottish Academy
Assembly Rooms
Rose Street
Hanover Street
Frederick Street
Castle Street
Charlotte Square
Bute House
Charlotte Street
Young St
Hill St
George Street
Thistle Street
St Andrew Square
Melville Monument
National Portrait Gallery
Queen Street
Queen Street Gardens
Heriot Row
India Street
Howe St
New Town
Circus Place
Clarence St
St Stephen St
Hamilton Pl
Royal Botanic Garden (800 m)
Fettes Row
Cumberland
Great King Street
Dundas Street
Northumberland St
Abercromby Place
Drummond Place
Dublin Street
Albany Street
York Place
Bus Station
Clyde St
Elder St
York La
Barony St
Broughton Street
Forth St
London St
East London Street
Brunswick Street
Brunswick Rd
Elgin St S
Montgomery Street
Hillside Crescent

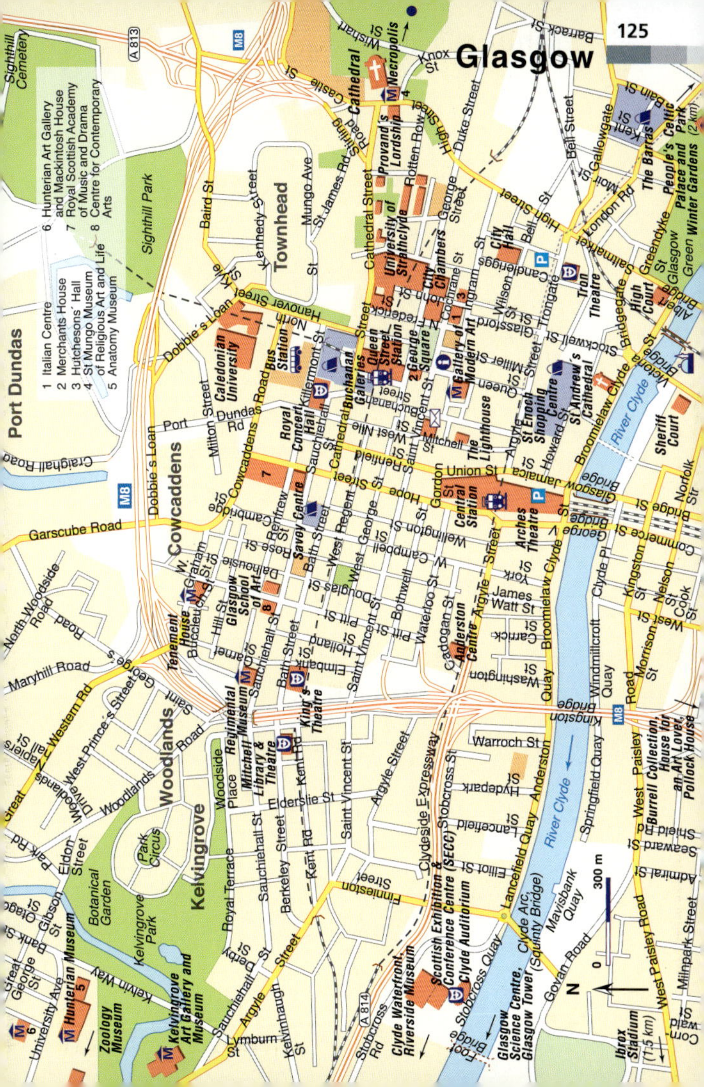
Glasgow
1 Italian Centre
2 Merchants House
3 Hutchesons' Hall
4 St Mungo Museum of Religious Art and Life
5 Anatomy Museum
6 Hunterian Art Gallery and Mackintosh House
7 Royal Scottish Academy of Music and Drama
8 Centre for Contemporary Arts
Port Dundas
Sighthill Cemetery
Sighthill Park
Townhead
Cowcaddens
Woodlands
Kelvingrove
Kelvingrove Park
Botanical Garden
Cathedral
Necropolis
Provand's Lordship
University of Strathclyde
City Chambers
City Hall
Caledonian University
Bus Station
Royal Concert Hall
Buchanan Galeries
Queen Street Station
George Square
Gallery of Modern Art
The Lighthouse
St Enoch Shopping Centre
St Andrew's Cathedral
Tron Theatre
High Court
Sheriff Court
Central Station
Arches Theatre
Savoy Centre
Glasgow School of Art
Tenement House
Regimental Museum
Mitchell Library & Theatre
King's Theatre
Anderston Centre
Scottish Exhibition & Conference Centre (SECC)
Clyde Auditorium
Clyde Waterfront Riverside Museum
Glasgow Science Centre, Glasgow Tower
Clyde Arc (Squinty Bridge)
Kelvingrove Art Gallery and Museum
Hunterian Museum
Zoology Museum
Ibrox Stadium (1.5 km)
Burrell Collection, House for an Art Lover, Pollock House
The Barras
People's Palace and Winter Gardens
Celtic Park (2 km)
Glasgow Green
River Clyde
M8
A 813
A 814
Garscube Road
Maryhill Road
Great Western Rd
Sauchiehall St
Argyle Street
Clydeside Expressway
Bath Street
West George St
St Vincent St
Hope Street
Union St
Renfield St
Buchanan St
Queen St
Ingram St
High Street
Duke Street
Gallowgate
London Rd
Trongate
Saltmarket
Bridgegate
Clyde St
Broomielaw
Anderston Quay
Lancefield Quay
Kingston Bridge
Glasgow Bridge
George V Bridge
Victoria Bridge
Albert Bridge
Paisley Road
West Paisley Road
Mavisbank Quay
Springfield Quay
Windmillcroft Quay
Finnieston Street
Stobcross St
Castle St
Cathedral Street
North Hanover Street
Dobbie's Loan
Cowcaddens Road
Port Dundas Rd
Milton Street
Baird St
Woodlands Road
Kelvin Way
University Ave
Dumbarton Rd
Eldon Street
Park Rd
Royal Terrace
Elderslie St
Berkeley Street
Kent Rd
Kelvinhaugh St
Lymburn St
Stobcross Rd
Govan Road
Seaward St
Admiral St
Milnpark Street
Kingston St
Nelson St
Morrison St
West St
Commerce St
Bridge St
Norfolk Str
Jamaica St
Oswald St
York St
James Watt St
Carrick St
Washington St
Warroch St
Hydepark St
Cadogan St
Waterloo St
Wellington St
Bothwell St
Pitt St
Holland St
Douglas St
Blythswood St
West Campbell St
West Regent St
West Nile St
Mitchell St
Miller St
Glassford St
Stockwell St
Candleriggs
Wilson St
Cochrane St
John St
George Street
Rotten Row
Duke Street
Bell St
Bell Street
Barrack St
Kent St
Bain St
Moir St
Greendyke St
Knox St
Wishart St
Stirling Road
St James Rd
Mungo Ave
Kennedy Street
Hill St
Buccleuch St
Renfrew St
Rose St
Dalhousie St
Cambridge St
Elmbank St
Garnet St
Woodside Place
Park Circus
Gibson St
Otago St
Derby St
Craighall Road
North Woodside Road
Saint George's Road
West Prince's Street
Napiersall St
Woodlands Drive
300 m
N

Invergordon
Fearn Peninsula, Tain
Alness, Inverness
Cromarty Firth
Cruise Passenger Terminal
Admiralty Pier
Cromarty Firth Port Authority
Invergordon Port Ferry Terminal
West Harbour
☆ = Murals
Invergordon Museum
Town Hall/ Arts Centre
Library
Catholic Church
Church of Scotland
Railway Station
Invergordon Social and Recreational Club
Robertson's Ln
Wyvis Ct
Moir's Ln
Munro St
Tomich Rd
Joss St
Esk Ln
Mill St
The Royal Ln
MacKay St
Normans Ln
Ross St
Martins Ln
King St
Castle Rd
Bank St
Park Ln
School Ln
Albany Rd
Station Rd
High St
Clyde St
Outram St
Shore Wynd
Shore Rd
Hugh Miller St
Ferry Row
Academy Rd
Castle Ave
Cromlet Dr
Cromlet Park
Royal Oak Dr
Natal Pl
Agin-court
Harbour View
Terrace
Gordon Pl
Gordon
Strath Ave
B817
N
0
200 m

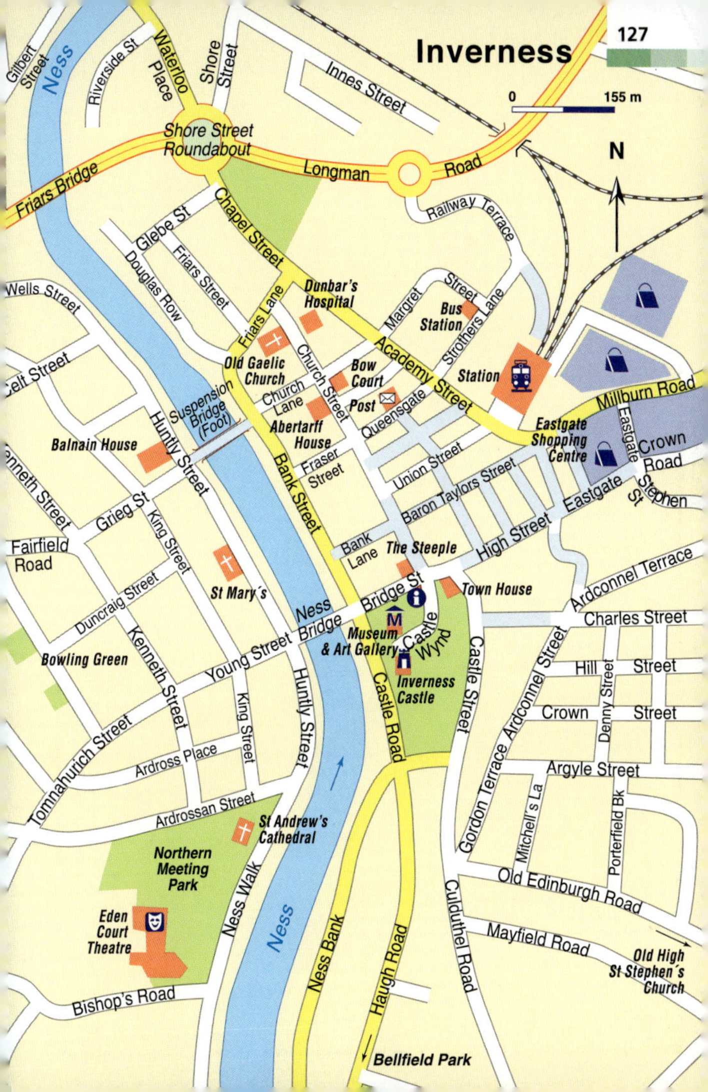
Inverness
0
155 m
N
Gilbert Street
Ness
Riverside St
Waterloo Place
Shore Street
Innes Street
Shore Street Roundabout
Friars Bridge
Longman Road
Railway Terrace
Chapel Street
Glebe St
Douglas Row
Friars Street
Wells Street
Dunbar's Hospital
Margret Street
Bus Station
Strothers Lane
Friars Lane
Church Street
Old Gaelic Church
Bow Court
Academy Street
Station
Celt Street
Suspension Bridge (Foot)
Church Lane
Post
Queensgate
Millburn Road
Abertarff House
Eastgate Shopping Centre
Eastgate
Crown Road
Balnain House
Huntly Street
Fraser Street
Union Street
Kenneth Street
Bank Street
Baron Taylors Street
Eastgate
Stephen St
Grieg St
King Street
Fairfield Road
Bank Lane
The Steeple
High Street
Ardconnel Terrace
St Mary's
Bridge St
Town House
Duncraig Street
Ness Bridge
Charles Street
Museum & Art Gallery
Castle Wynd
Bowling Green
Kenneth Street
Young Street
Hill Street
Denny Street
Inverness Castle
Castle Street
Ardconnel Street
King Street
Huntly Street
Castle Road
Crown Street
Tomnahurich Street
Ardross Place
Argyle Street
Gordon Terrace
Ardrossan Street
Mitchell's La
Porterfield Bk
St Andrew's Cathedral
Northern Meeting Park
Old Edinburgh Road
Ness Walk
Eden Court Theatre
Ness
Ness Bank
Haugh Road
Culduthel Road
Mayfield Road
Old High St Stephen's Church
Bishop's Road
Bellfield Park

Cobh
150 m
0
N
Cork Harbour
Harbour Row
Bellvue Terrace
Harbour Terrace
Harbour View
The Bench
Hawthorn Terrace
Wolfe Tone St
Bible Garden
Roche's Terrace
Church Street
Town Clock
East Beach
Harbour Hill
Beechmount
Beechmount
Cathedral Terrace
St Colman's Cathedral
Cathedral Place
Cathedral Place
O'Connell St
Old Church Cemetery, Lusitania Graves
Thomas Kent St
John
Midleton St
Midleton St
Rahilly St
West Beach
Kennedy Quay
Pearse Square
Lusitania Monument
Library
Lower Midleton St
West View
Casement Square
West View
Canon O'Leavy Pl.
Park Ln
Top of the Hill
Lower Park
Upper Park
Spy Hill
Spy Hill
Spy Hill
Spy Hill
Spy Hill
Court House
The Crescent
Promenade
Westbourne Pl
Westbourne Pl
Westbourne Pl
Cobh Town Council
Lake Rd
Lake Rd
Lake Rd
Park Rd
Cloyne Terrace
Burma Steps
Sirius Art Centre
Annie Moore and her two brothers Statue
Cobh Heritage Centre
Cobh Cruise Terminal
Donelan Terrace
New Town
Barrymore Ave
French's Avenue
Cobh Museum
Cork
High Rd
Lower Rd
Railway Station
Whitepoint Moorings

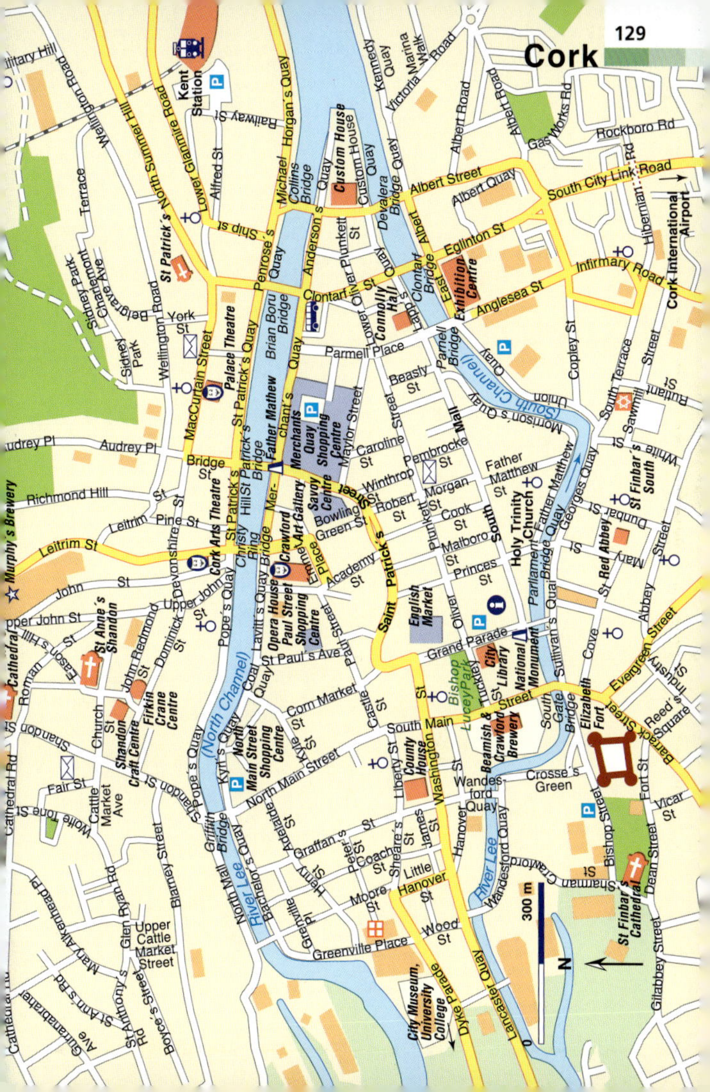
Kent Station
Railway St
Lower Glanmire Road
St Patrick's North Summer Hill
Wellington Road
Military Hill
Alfred St
Michael Horgan's Quay
Kennedy Quay
Victoria Marina Walk
Centre Park Road
Albert Road
Albert Road
Gas Works Rd
Rockboro Rd
South City Link Road
Cork International Airport
Hibernian Rd
Albert Street
Albert Quay
Custom House
Custom House Quay
Collins Bridge
Devalera Bridge Quay
Ship St
Penrose's Quay
Anderson's Quay
Plunkett St
Eglinton St
Infirmary Road
Anglesea St
Exhibition Centre
Albert Clontarf Bridge
East
Clontarf St
Lower Oliver Plunkett St
Connolly Hall
Lapp's Quay
Terrace
Sidney Park
Charlemont
Clyde Ave
Belgrave
York St
Wellington Road
Sidney Park
Palace Theatre
St Patrick's Quay
Brian Boru Bridge
Quay
Parnell Place
Parnell Bridge
South Channel
Union Quay
Copley St
South Terrace
Street
Rutland St
MacCurtain Street
Father Mathew
Merchants Quay Shopping Centre
Merchant's Quay
Maylor Street
Beasly St
Morrison's Quay
Sawmill St
White St
St Finbar's South
Audrey Pl
Audrey Pl
Bridge St
St Patrick's Bridge
Caroline St
Pembrocke St
Mall
Father Matthew St
Father Matthew Quay
Georges Quay
Richmond Hill
Murphy's Brewery
Leitrim
Pine St
Devonshire St
Cork Arts Theatre
Christy Ring Bridge
Savoy Centre
Street
Winthrop St
Robert St
Morgan St
Cook St
South
Holy Trinity Church
Dunbar St
Red Abbey
Mary St
Leitrim St
Hill St
St Patrick's
Bowling Green St
Crawford Art Gallery
Emmet Place
Academy St
Saint Patrick's
Plunkett St
Malboro St
Princes St
Parliament Bridge
Abbey Street
John St
Upper John St
Pope's Quay
Lavitt's Quay
Opera House
Paul Street Shopping Centre
Paul Street
English Market
Oliver
Grand Parade
City Library
National Monument
Sullivan's Quay
Cove St
Evergreen Street
Industry St
Upper John St
Cathedral
Eason's Hill
St Anne's Shandon
John Redmond St
Dominick St
Roman St
Coal Quay
St Paul's Ave
Corn Market St
Castle St
Bishop Lucey Park
Tuckey St
South Gate Bridge
Elizabeth Fort
Barrack Street
Reed's Square
Shandon St
Church St
Shandon Craft Centre
Firkin Crane Centre
North Channel
Kyrl's Quay
North Main Street Shopping Centre
Kyle St
South Main St
County House
Washington St
Beamish & Crawford Brewery
Crosse's Green
Cathedral Rd
Fair St
Cattle Market Ave
Wolfe Tone St
Shandon St
Pope's Quay
North Main Street
Liberty St
Wandesford Quay
Fort St
Vicar St
Griffith Bridge
North Mall
Bachelor's Quay
Adelaide St
Grattan St
Peter's St
Coach St
Sheare's St
James St
Hanover St
Bishop Street
Wandesford Quay
Crawford St
Sharman St
Dean Street
St Finbar's Cathedral
Blarney Street
Henry St
Little Hanover St
Mary Aikenhead Pl
Glen Ryan Rd
Upper Cattle Market Street
River Lee
Greenville Pl
Moore St
River Lee
300 m
0
N
Wood St
Greenville Place
Gillabbey Street
St Anthony's Rd
St Ann's Rd
Gurranabraher Ave
Boyce's Street
City Museum, University College
Dyke Parade
Lancaster Quay

Isle of Man Ferry
River Lagan
Odyssey; W5
SS Nomadic
Sydenham Road
Belfast City Airport
Ferry Terminals
Sinclair Seaman's Church
Lagan Bridge
Lagan Lookout
Lagan Weir
Queen Elizabeth Bridge
Queen's Bridge
Lagan Bank Road
Waterfront Hall
East Bridge St
Corporation St
Quay
Donegall
M3 Cross Harbour
Tomb St
Custom House
Clock Tower
Oxford Street
Courthouse
Royal Court of Justice
May Street
Chichester St
Victoria Street
Victoria Square
Dunbar Link
Art College (University of Ulster)
St Anne's Cathedral
Belfast Exposed
Waring St
High St
Ann St
York Road
Great George's St
Gt Patrick Street
York St
Frederick Street
North Queen Street
Donegall Street
Presbyterian Church
Castle Pl.
Castle Lane
Belfast Welcome Centre
Donegall Sq. N.
City Hall
Donegall Sq. S.
North St
Royal Ave
Northern Ireland Tourist Board
Central Library
Castle Court Centre
Shopping
Castle Street
Rail Linen Hall Office Library
Wellington Place
Howard St
Carrick Hill
Clifton Street
Smithfield Market
Millfield
St Mary's
College Square
Technical College
Old Museum
College Square North
RBA InSt
Peter's Hill
Westlink
Divis Street
Durham Street
Crumlin Road
Belfast Castle
Shankill Road
Shankill
Falls
Falls Road
Cullingtree Road
Great Victoria St?
Road

Belfast
250 m
0
N
Ormeau Park
River Lagan
Ormeau Embankment
Recreation Centre
Balfour Avenue
Shaftesbury Ave
Cooke Street
North of Ireland Sports Club
Ormeau Road
Stranmillis Embankment
Annadale Embankment
McAuley St
Cromac
St Malachy's
Street
Street
St
Theatre
Ormeau Avenue
Street
Lindsay Street
Howard Street South
Donegall Pass
Vernon Street
McClure Street
Cromwell Road
University Street
Fitzroy Avenue
Rugby Avenue
Agincourt Avenue
Carmel
Street
Maryville St
Bankmore
Dublin Road
Botanic Rail Station
Rugby Road
Queen's Film Theatre
College
Palm House
Botanic Gardens
Queen's University Sports Centre
Friar's Bush Cemetery
Street
Great Victoria St
Shaftesbury Square
Botanic Avenue
Arts Theatre
Mount Charles
University Square
Queen's University
Ulster Museum
Bruce
Albion St
University Road
Stranmillis Rd
Sandy Row
St Rail Station
Camden Street
Student's Union
Elmwood Hall
College Gardens
Methodist College
Malone Road
YWCA
Festival House
City Hospital Rail Station
City Hospital
Donegall Road
Blythe Street
Lisburn Road
Wellington Avenue
Wellington Park
Eglantine Avenue
Dunluce Avenue
Ulsterville Avenue

St Brendan's Hospital
Dublin Airport
St Lawrence's Hospital
Grangegorman Upper
Prussia St
Western
Dominic
Oxmantown Road
Aughrim St
Manor St
Kirwan St
Constitution Hill
Moira Rd
Halliday Rd
O'Devaney GdnS
Manor Place
King's Inn
Brunswick Street North
King St North
King Street North
Arbour Hill
King's Hospital
Blackhall Pl
Blackhall St
Queen St
Smithfield
Street
Church St
Irish Whiskey Corner
Phoenix Park, Zoo
Mary's La
Benburb Street
St Michan's Church
Mark
Wolfe Tone Quay
Ellis Quay
Bow
Chanc
Liffey
Heuston Station
Victoria Quay
Arran Quay
Four Courts
Usher's Island
Inns Quay
Ormo
Royal Hospital
Island St
Usher's Quay
Bonham St
Merchant's Quay
Steevens Lane
Guinness Brewery
Watling St
Bridgefoot St
Oliver Bond St
Cook St
St Audoen's
Bridge St
Dublinia
James's Street
Thomas Street West
Cornmarket
High St
Back Ln
Kilmainham Gaol
Rainsford St
Thomas Ct
John Dillon St
Christchu
Guinness Storehouse
Robert St
Taylors Ln
Earl St
Meath St
Swift's Alley
Francis Street
Market
Meath Pl
Bond St
Pimlico
Carman's Hall
St Patrick's Hospital
N
Pim St
Marrowbone Lane
Summer St S
Gray St
Patrick St
Nicholas St
The Coombe
Dean St
Grand Canal Bank
Ardee St
0
300 m
Cork Street
Newmarket
New Row S
Dublin
Clarence Mangan Rd
Mill St
New Street S
Donore Ave
Brown St S

Nat. Wax Museum
Dublin Airport
Dublin Writers Museum
Dublin City Gallery The Hugh Lane
James Joyce Centre
Summerhill
Rutland St
N. Gt. George's St
Dorset St
Garden of Remembrance
Parnell Sq E
Rotunda Hospital
Gate Theatre
Parnell Street
Parnell Sq W
Dominick Pl
Dominick St Lwr
Sean McDermott Street
Railway Street
Connolly Station
Sheriff St
Foley St
Amiens Street
Gardiner St Lwr
St Mary's Catholic Pro-Cathedral
O'Connell Street
Marlborough St
Moore St
Parnell Street
ILAC Centre
Talbot St
Talbot St
Inner Dock
Spire
Air Terminal/ Bus Terminal
Henry St
GPO
Beresford Pl
Custom House
Docklands, Dublin Harbour
Abbey Theatre
Abbey St Lwr
Mary St
Jervis St
St Mary's
Jervis Shopping Centre
Liffey Street
Abbey St Middle
Eden Quay
Custom House Quay
O'Connell Statue
Liffey
Abbey St Upr
Bachelors Wk
Tara St Station
Burgh Quay
City Quay
Ormond Quay Lwr
Ha'penny Bridge
Aston Quay
D'Olier St
Royal Theatre
Tara St
Moss St
Gloucester St
Waterways Ireland Visitor Centre
Liffey
Westmoreland St
Townsend St
Wellington Quay
Fleet Street
Moore Statue
Temple Bar
Mark's Ln
Pearse St
Bank of Ireland
Old Library
Olympia Theatre
College Gr.
Queen's Theatre
Pearse Station
Lord Edward St
Dame St
Molly Malone
Trinity College
City Hall
Suffolk St
College Park
Dublin Castle
S Great George's St
Market
Powerscourt Townhouse
Nassau St
Westland Row
St Andrew's
Chester Beatty Library
Drury St
William St S
Duke St
Lincoln Pl
Ship St
Stephen St
Civic Museum
Grafton St
National Library
National Gallery of Ireland
Dawson St
Molesworth St
Chatham St
Parliament
Aungier St
King St S
Gaiety Theatre
Mansion House
National Museum
West
North
Wood St
St Stephen's Green Centre
Kildare St
Nat. History Museum
Merrion Square
Peter St
York St
North
Leinster House
Merrion St Upr
South
Shelbourne Hotel
West
Merrion Row
Fitzwilliam Lane
Bishop St
St Stephen's Green
Baggot St Lwr
Kevin St Lwr
Cuffe Street
Wexford St
Harcourt St
South
East
Booterstown, Ballsbridge, National Concert Hall
Bride St

Derry-Londonderry
St Columb´s Park
0
200 m
N
Boating Club Lane
Queen´s Quay
Asylum Rd
Northland Rd
Clarendon St
Infirmary Rd
Princes St
Queen St
Strand Road Presbyterian Church
Quayside Shopping Centre
Strand Road
Patrick St
St Eugene's Cathedral
Great James St
Airporter
Francis Street
Lower Rd
Little James St
Foyle Embankment
Queen's Quay
Browning Drive
Sackville St
Police Court St
Harbour Square
William St
City Swimming Baths
Ebrington Square
Peace Bridge
Frederick St
Abbey St
Waterloo Place
Harbour Museum & Genealogy Centre
William St
Street
Magazine Gate
Guildhall
Bogside
Chamberlain St
High St
Harvey St
Street
Shipquay Gate
Foyle St
Tower Museum
Craft Village
Workhouse Museum
Fahan St
Museum of Free Derry
Rossville
Bloody Sunday Monument
Waterloo
Castle Gate
Castle St
Shipquay St
Bank Place
Waterside Roundabout
Butcher Gate
Water St
Fahan St
Magazine St
Butcher St
Richmond Shopping Centre
Millennium Forum
Foyle Embankment
Waterside
Lecky Road
Grand Parade
The Diamond
St Columb´s Hall
St Columb´s Well
Society St
Within
Ferryquay St
Linenhall St
Market St
Foyleside Shopping Centre
St Augustine´s C.O.I.
Verbal Arts Centre
Palace St
Street
London St
Orchard St
Link
Bishop
St Columb´s C.O.I. Cathedral
Pump St
Artillery St
Playhouse Theatre
Ferryquay Gate
Bridge St
Foyle St
Courthouse
Bishop´s Gate
City Walls
New Gate
Hawkin St
Foyle Street Urban Park
Long Tower R.C. Church
Hawkin St
Kennedy St
Horace St
Road
Methodist Church
Long Tower St
Heritage Tower
The Fountain
Wapping Lane
Henry St
Grove Place
Carlisle
John Street
Foyleside Roundabout
Foyle Road
Barrack St
Street Without
Upper Bennett St
Aubery St
Harding St
Duke Street Roundabout
Carlisle Square Roundabout
Abercorn Road
Bishop Street
Bellevue Ave
Maureen Ave
Lower Bennett St
Foyle Valley Railway Centre
Craigavon Bridge
River Foyle
Railway Road
Duke Street
Spencer Road
Ferguson Street
Ivy Terrace
Alma Place
Foyle Road
Hiller Street
Alexander Place
Ewing Street
Foyle Road
Foyle Park
Fountain
Moore St

Zusatztexte/Korrektur
Julia Kaufhold

Redaktion
Julia Kaufhold
Eva Antonnikov

Konzept
Karin Palazzolo

Gestaltung
Matias Jolliet

Kartografie
JPM Publikationen
Mathieu Germay

Copyright © 2013, 2011
JPM Publications S.A.
Avenue William-Fraisse 12
1006 Lausanne, Schweiz
http://www.jpmguides.com/

Alle Rechte vorbehalten, insbesondere das Recht der Vervielfältigung und Verbreitung sowie der Übersetzung. Ohne schriftliche Genehmigung des Verlags ist es nicht gestattet, den Inhalt dieses Werkes oder Teile daraus auf elektronischem oder mechanischem Wege (Fotokopie, Mikrofilm, Ton- und Bildaufzeichnung, Speicherung auf Datenträger oder andere Verfahren) zu reproduzieren, zu vervielfältigen oder zu verbreiten.

Alle Informationen sind sorgfältig überprüft worden, erfolgen aber ohne Gewähr. Der Verlag und sein Kunde übernehmen keinerlei Haftung für allfällige Fehler. Für Berichtigungen, Hinweise und Ergänzungen ist die Redaktion dankbar.

Printed in Switzerland
15488.02.14257
Ausgabe 2013